Ullstein

## DAS BUCH

Christine Brückner verbrachte ihre Schulzeit in Kassel, bis Stadt und Elternhaus in einer Bombennacht zerstört wurden. Nach unruhigen Lehr- und Wanderjahren kehrte sie 1960 in ein neues und »unvergleichliches« Kassel zurück und ließ sich hier endgültig nieder. Seitdem hat sie ihren »ständigen Wohnsitz« immer wieder facettenreich beschrieben und Einblicke in ihren persönlichen Lebensraum gegeben. Ihre Aufzeichnungen sind exemplarische Beschreibungen einer Region und ein Zeitdokument zur städtischen Kultur der deutschen Nachkriegszeit. Ausgewählt wurden gut 20 Texte, die zwischen 1960 und 1996 entstanden und zum Teil noch nicht in Buchform veröffentlicht wurden.

## DIE AUTORIN

Christine Brückner, am 10. Dezember 1921 in einem waldeckischen Pfarrhaus geboren, am 21. Dezember 1996 in Kassel gestorben. Nach Abitur, Kriegseinsatz, Studium, häufigem Berufs- und Ortswechsel wurde sie in Kassel seßhaft. 1954 erhielt sie für ihren ersten Roman einen ersten Preis und war seitdem eine hauptberufliche Schriftstellerin, schrieb Romane, Erzählungen, Kommentare, Essays, Schauspiele, auch Jugend- und Bilderbücher. Von 1980 bis 1984 war sie Vizepräsidentin des deutschen PEN; 1982 wurde sie mit der Goethe-Plakette des Landes Hessen ausgezeichnet, 1990 mit dem Hessischen Verdienstorden, 1996 mit dem Großen Bundesverdienstkreuz. Christine Brückner war Ehrenbürgerin der Stadt Kassel und stiftete 1984, zusammen mit ihrem Ehemann Otto Heinrich Kühner, den ›Kasseler Literaturpreis für grotesken Humor‹.

## DER HERAUSGEBER

Friedrich Wilhelm Block, geboren 1960, betreut als Literaturwissenschaftler die Stiftung Brückner-Kühner in Kassel. Er promovierte mit einer Arbeit über den Zusammenhang von Subjektivität und Medien am Beispiel experimenteller Poesie. Bei Ullstein veröffentlichte er 1988 die Anthologie ›Die beflügelte Schnecke. Grotesker Humor aus sechs Jahrhunderten‹ und gab danach eine Reihe weiterer Bücher heraus, zuletzt ›Verstehen wir uns? Zur gegenseitigen Einschätzung von Literatur und Wissenschaft‹ (Frankfurt/M. 1996) und ›Neue Poesie und – als Tradition‹ (Passau 1997). Eigene Dichtung erschien unter anderem mit dem Titel ›IO.poesis digitalis‹ (Linz 1997).

Christine Brückner

# Ständiger Wohnsitz

Kasseler Notizen

Herausgegeben und mit einem Nachwort
versehen von Friedrich W. Block

Ullstein

Ullstein Buchverlage
GmbH & Co. KG, Berlin
Taschenbuchnummer: 24532

Originalausgabe
Dezember 1998

Umschlagentwurf:
Theodor Bayer-Eynck
unter Verwendung eines Bildes
von Otto Heinrich Kühner
Alle Rechte vorbehalten
© 1998 Ullstein Buchverlage
GmbH & Co. KG, Berlin
Printed in Germany 1998
Gesamtherstellung:
Ebner Ulm
ISBN 3 548 24532 3

Gedruckt auf alterungsbeständigem
Papier mit chlorfrei
gebleichtem Zellstoff

# Inhalt

5

# Zum Geleit

»München, das hätte man verstanden; die Insel Ischia hätte jeden überzeugt, sogar ein waldeckisches Dorf, schließlich stamme ich vom Lande. Aber ausgerechnet Kassel!«

Dieser »ständige Wohnsitz« müsse begründet werden, schrieb Christine Brückner. Die im vorliegenden Buch versammelten Texte zeigen, daß die Begründung nicht eindeutig, kurz und bündig ausgefallen ist. Vielmehr hat die Autorin bis zu ihrem unerwarteten Tod im Jahr 1996 fortlaufend unsere Stadt in ihren sehr unterschiedlichen und mitunter gegensätzlichen Aspekten dargestellt.

Christine Brückner hat sich ihren Wohnsitz buchstäblich erschrieben. Ihr erster Artikel über die »Musen in unserer Stadt« erschien bereits wenige Monate, nachdem sie im Frühsommer 1960 wieder an den Ort gezogen war, den sie 1943 hatte verlassen müssen. Von da an hat sie Kassel zu einem lebendigen Stück Literatur gemacht und ein persönliches, aber auch allgemein gültiges Bild des städtischen Lebens in der zweiten Hälfte des 20. Jahrhunderts gezeichnet. Dabei wird hier einmal nicht eine Metropole zum Thema, sondern eine Stadt jenseits der literarischen Zentren. Es ist gleichwohl eine Stadt der Mittellage, von mittlerer Größe, in der Mitte Deutschlands – doch lange Zeit am Rand – zwischen Ost und West, zwischen vierspurigen Autoschneisen und barocken Parkanlagen, zwischen ›ahler Worscht‹ – einer Kasseler Spezialität – und der ›documenta‹ – einer anderen, der bedeutendsten Kasseler Spezialität. Diese kontrastreiche Mittellage und auch die relative Ruhe zum Schreiben haben Christine Brückner ganz offensichtlich gereizt.

Kassel ist außerdem eine Stadt, die – wie viele andere – bis heute noch an den Wunden ihrer fast vollständigen Zerstörung zu tragen hat und deren Bürger die verlorene Heimat am gleichen Ort neu auffinden mußten. Dieser Prozeß ist insbesondere von den Kulturträgern befördert und von Christine Brückner entscheidend mitgeprägt worden. Sie hat in Kassel nicht nur ihre berühmten Bücher geschrieben, die die Frage nach der individuellen Heimat für viele Menschen so überzeugend verarbeitet haben. Sie hat in ihrem Werk nicht nur ihren persönlichen Lebensraum literarisch gestaltet. Sie hat darüber hinaus auch gemeinsam mit ihrem Mann und Schriftstellerkollegen Otto Heinrich Kühner kreativ und wohltätig auf das kulturelle Leben unserer Stadt eingewirkt. Ob literarische Gesellschaft, Kulturstiftung oder Kirchengemeinde, das Engagement der Autorin war überaus vielfältig. Sie schrieb jahrelang Kolumnen für die ›Hessische Allgemeine‹. Und im Kasseler Rathaus bezog sie immer wieder zu wichtigen Anlässen Position und pflegte einen engen, bisweilen freundschaftlichen Austausch mit den Stadtoberhäuptern.

Die Beziehung zur Stadt gewann vor allem auch Form in einer literarischen Stiftung, die Christine Brückner gemeinsam mit Otto Heinrich Kühner 1984 ins Leben rief und die vom Kasseler Magistrat verwaltet wird. Die Stiftung vergibt alljährlich den ›Kasseler Literaturpreis für grotesken Humor‹. Preisträger waren zum Beispiel Loriot, Ernst Jandl, Irmtraud Morgner oder Robert Gernhardt, neuerdings auch jüngere Autoren wie Max Goldt oder

Franzobel. Ausgezeichnet werden Leistungen auf dem Gebiet des literarischen Humors. Das ist ein Feld, das vor allem Otto Heinrich Kühner geistreich und heiter bestellt hat. Aber auch im Werk Christine Brückners muß man Humor ja wahrlich nicht mit der Lupe suchen.

Die beiden Schriftsteller haben ihren geistigen und materiellen Nachlaß der Stiftung hinterlassen und so ermöglicht, daß literarischer Erfolg wieder der Literatur zugute kommt. Die Stadt hat es ihnen schon zu Lebzeiten gedankt: So wurde Christine Brückner die Ehrenbürgerschaft und gemeinsam mit ihrem Mann der Wappenring der Stadt Kassel verliehen. »Beiderseits ein fröhliches Geben und Nehmen«, wie die Autorin es nannte.

Wir möchten unserem Dank auch weiterhin Ausdruck verleihen, indem wir uns dafür einsetzen, daß das Lebenswerk Christine Brückners und Otto Heinrich Kühners fortgeführt wird. So fördert die Stiftung die Edition der schönen Werkausgabe der Autorin im Verlag Ullstein. Vor allem aber hat sie eine Geschäftsstelle im Wohnhaus der beiden Schriftsteller eingerichtet, in der ihr Nachlaß gepflegt und darüber hinaus literaturwissenschaftlich und -vermittelnd gearbeitet wird.

Mit Erscheinen dieses Buches wird auch der Wohn- und Arbeitsraum Christine Brückners dem interessierten Publikum geöffnet. Die beschriebenen Orte, seien es Schreibtisch und Garten, Auepark und Wilhelmshöhe oder auch die »Schamzonen« unserer Stadt, können erfahren und erwandert werden. Ich möchte daher Sie, liebe Leser, herzlich dazu nach Kassel einladen. Lassen Sie uns gemeinsam die Erinnerung an Christine Brückner, lassen Sie uns das Werk dieser großartigen Schriftstellerin lebendig halten.

*Georg Lewandowski*
Oberbürgermeister der Stadt Kassel

# Kassel 1972

*Blick vom Kasseler Wahrzeichen, dem Herkulesdenkmal, auf Schloß Wilhelmshöhe und die Stadt.*

Folge der Fährte von Treppen und Rabatten, den
Einflüsterungen der Brunnen, hinunter
Zu den Plätzen und Terrassen, zur Stadt,
Wie einige Breitengrade südlicher
Wiederaufgebaut, mit dem Blick
Auf Felder und Kartoffelfeuer,
Überlasse mich den Weisungen der Linden,
Dem Flug der Wildenten, zu den
Auen am Fluß, zu Pappeln, Eichen und
Aphroditen, zu den Schwänen und höfischen Pfauen,
Vertraue den Voraussagungen der Alleen
Hinauf zum Park, zum Schloß, zu den Pavillons:
Ein fürstlicher Gedanke, geformt aus
Stein, Wasser und Bäumen; zwischen
Den Schultern zweier Berge der Halbgott,
Der Übermensch, die Stufen zu seinen Füßen
Zählend, wo das Wasser gebändigt hinabspringt,
Blicke hinunter auf seine Stadt, die
Im Schutz ihrer Berge und ihrer Wälder
Immer aufs neue verwächst mit
Kastanien und Eschen.

# Kassel 1972

Der Meridian bestimmt das Schicksal einer Stadt

Jungem, tertiärem Vulkanismus verdanken die Bürger der Stadt Kassel die schönsten Sonnenuntergänge. Im Dezember geht die Sonne weit im Südwesten hinter den Baunsbergen unter, wandert im Laufe des steigenden Jahres von Bergkuppe zu Bergkuppe, Habichtswald, Elfbuchen bis zur Firnskuppe, dann ist Juni. Diese Berge wären hessisches Bergland, nicht nennenswert, hätte nicht fürstlicher Geltungsdrang für eine Attraktion sondergleichen gesorgt: Zwischen den Schultern zweier Berge erhebt sich, weithin sichtbar, seit mehr als 250 Jahren das Wahrzeichen der Stadt, der Herkules, Halbgott und Übermensch. Über acht Meter groß und kupfergrün. Aufgestellt auf ein Riesenschloß, das unverwendbar blieb. Am Herkules legte man in Kassel den Maßstab an, und er erwies sich oft als zu groß für die Stadt, auch heute noch. Die Stadtgeschichte ist reich an großartigen Plänen, die zaghaft ausgeführt wurden und oft unvollendet blieben.

Der Meridian bestimmt das Schicksal einer Stadt ebenso wie der Breitengrad, die Höhe über dem Meeresspiegel, Wasserverhältnisse, Bodenschätze.

Die wichtigsten Daten einer Stadt stehen nicht im Geschichtsbuch, sondern im Erdkundebuch.

51°19' steht dort für Kassel. Das besagt, daß Kassel auf der Höhe von London liegt, einem Breitengrad, der die südliche Spitze des Baikalsees in Ostsibirien berührt, an 120 bis 160 Tagen im Jahr von einer gut tragenden Eisschicht bedeckt. In Kassel herrscht mitteldeutsches Berg- und Hügelklima. 76 Frosttage, 29 Sonnentage mit mehr als 25 Grad Wärme. Die Winde wehen zumeist von Westen. Die Höhenzüge des Habichtswaldes bieten guten Wind- und Regenschutz. Die mittlere Jahrestemperatur liegt bei 8,2 Grad.

9°30' östliche Länge. Gemessen am Sonnenstand und verglichen mit Greenwich gehen in Kassel die Uhren 25 Minuten nach.

Das Rathaus liegt 167 Meter über dem Meeresspiegel, die höchsten Höhen der Umgebung steigen über 600 Meter an. Wälder rundum: die Söhre im Süden, der Kaufunger Wald im Osten, der Reinhardswald im Norden und im Westen die Hausberge des Habichtswaldes. Basaltische Eruptionen, mählich ansteigende Ränder einer für Hessen typischen Beckenlandschaft. In keiner Himmelsrichtung sind die bewaldeten Höhen weiter als sechs Kilometer vom Rathaus entfernt. Dieses Kasseler Becken gehört zur großen europäischen Bruchzone, die vom Golf von Lyon durch das Rhônetal, die Wetterau bis zum Mjösa-See in Norwegen führt.

Eine erdgeschichtlich gut fundierte, verkehrsgünstige Lage. Eine tausend Meter dicke präbasaltische Buntsandsteinschicht, die das gesamte Fulda-Werra-Gebiet durchzieht, gibt das solide Fundament. Die Senke, in der die Stadt gegründet wurde, muß weitgehend Meeresraum gewesen sein; man hat tiefgründige Ablagerungen gefunden. Auenlehm und Löß machten das Becken fruchtbar und für Ackerbau geeignet.

Die Fulda, die das Kasseler Becken in großen Windungen von Süden nach Nordosten durchfließt, gehört zum Wassereinzugsbereich der Weser, die bei Hannoversch-Münden durch den Zusammenfluß von Fulda und Werra entsteht und unmittelbar in die Nordsee fließt. Eine Furt war in der Nähe und damit die Vorbedingung für die Gründung einer Siedlung gegeben. Bereits im 17. Jahrhundert wurde die Fulda kanalisiert und schiffbar gemacht. 1843 konnte man mit einem Dampfschiff namens ›Eduard‹ von Cassel nach Bremen reisen! Heute fließt der Fluß eher lieblich als nützlich durch die Stadt, verschönert das Stadtbild, behindert den Verkehr, da die wenigen Brücken zu schmal geworden sind. Der Frachtverkehr zu Wasser ist gering. Es gibt schnellere, wenn auch nicht billigere Transportmöglichkeiten als eine Schiffahrt, die durch zahlreiche Schleusen zwar ermöglicht, aber doch sehr erschwert ist.

Die Reichtümer der Stadt liegen nicht unter der Erde. Die Liste der Bodenschätze, die man in der Umgebung Kassels nicht gefunden hat, ist lang; keine Erze, kein Erdöl, keine Kalisalze, keine Salinen: nichts, worauf man eine Industrie hätte aufbauen können. In großer Tiefe entdeckte man kurz vor dem Ausbruch des Ersten Weltkriegs eine Kali-Magnesium-Quelle und plante ein großes staatliches Solbad: ein Wiesbaden in Nordhessen. Der Plan blieb unverwirklicht. Statt dessen entstand ein Kneippbad. An schattigen, schön gelegenen Plätzen wurden Wassertretstellen angelegt, durch die ein kleiner Bach fließt. Spielplätze für Kinder, Schlepplift und Sprungschanze für Skiläufer. Trimm-Pfade für die Gesundheit und Wald-Lehrpfade für die Bildung. Nützliche Zutaten unseres auf Nutzen bedachten Jahrhunderts.

Basalt gibt es. Die Sprengungen aus dem Steinbruch im Habichtswald hört man bis hinunter in die Stadt. Kies aus der Fulda, und dann Braunkohle. Sie gab die

Voraussetzungen für die weiterverarbeitende Industrie. Bereits im 16. Jahrhundert wurde in der Söhre, am nahe gelegenen Meißner und auch im Habichtswald Braunkohle abgebaut. ›Kohlenstraßen‹ führen durch die Wälder. Eine davon zieht sich noch heute bis ins Stadtinnere.

Die Reichtümer der Stadt liegen offen zutage. Sie bietet ihren Bewohnern einen weiten, uneingeengten Lebensraum: nahezu 500 Quadratmeter für jeden Bewohner der Stadt. Die meisten Straßenbahnen und Buslinien enden am Waldrand. Wintersport und Wassersport, ein Golfplatz, ein gutausgebautes Wegenetz für Wanderer, ausreichende Parkplätze, Durchgangsstraßen, die den Anforderungen des Verkehrs fast immer genügen. Die Stadt wächst auf die Wälder zu. Aber in schöner Gegenbewegung wächst die Natur zurück in die Stadt: Parks, Grünanlagen, Alleen. Und wo ein Platz zu klein ist für ein Beet, da steht ein Betonkübel, von Blumen überwuchert, da springt ein Brunnen. Mitten in der Stadt, am Friedrichsplatz, duften im Juli die blühenden Linden in einem Fußgängerparadies ohne Abgase. Die dörflichen Vororte verstädtern, haben ihre eigenen kleinen Industrieviertel, aber immer wieder dringt Ländliches in die Stadt. Vor dem Marstall sitzen Bäuerinnen neben ihren Gemüsekörben, sie bieten Gläser mit duftenden Waldhimbeeren an und Kräuter für die ›Grüne Soße‹, die man in Hessen so gern zum gekochten Rindfleisch ißt. Im Herbst sieht man Trecker in den Straßen: Die Bauern bringen ihren Kunden die Winterkartoffeln zum Einkellern.

Kassel war einmal ein Weinbaugebiet: Kasseler Kratzenberger! Im 16. Jahrhundert kelterte man Wein für den Hof und Wein fürs Gesinde. Noch heute heißt ein mitten in der Stadt gelegener Berg der ›Weinberg‹. In derselben Gegend hat man auch Seidenraupenzucht versucht. Von dieser klimatischen Überforderung Nordhessens blieb ein kolossales Verkehrshindernis übrig, das jeder bestaunt, der über die Frankfurter Straße in die Stadt gelangt. Eine Wagnersche Kulisse. Noch im 19. Jahrhundert lagen dort in anmutigen Felsengärten und Felsenkellern gern besuchte Ausflugslokale und Konzertcafés. Die Heimatdichter rühmen den unvergleichlichen Ausblick über Karlsaue und Fuldaniederungen ins hessische Bergland. In einem dieser Gärten saß Ernst Koch und schrieb seinen ›Prinz Rosa Stramin‹, der bis heute nichts von seiner romantischen Frische, seiner biedermeierlichen Anmut verloren hat. Im Zweiten Weltkrieg bot das ausgebunkerte Innere des ›Weinbergs‹ Tausenden Schutz vor Luftangriffen. Jetzt dient es als Lagerraum. Auf seiner Höhe liegt der ›Fürstengarten‹, einer der vielen gepflegten Parks, die den Reichtum und die Schönheit der Stadt ausmachen.

Die letzte Erdverschiebung im Kasseler Raum hat nach dem Zweiten Weltkrieg stattgefunden. Die Trümmer jener Großstadt, die bis zum 22. Oktober 1943 bestand, bedecken den Auehang. Bodenformationen des 20. Jahrhunderts. Aufschüttungen aus Sandstein, Backstein, Porzellan und Knochen. Auf dem neuerstandenen Gelände fand 1955 die Bundesgartenschau statt. Ein Rosenhang wurde angelegt, der Innenstadt und Park aufs natürlichste miteinander verbindet.

Kassel, Residenz der Landgrafen

Die Geschichte einer Stadt beginnt nicht mit ihrer ersten urkundlichen Erwähnung. Man muß in die Erdgeschichte eindringen. Die frühen Angaben über eine befestigte Siedlung an der Fulda sind immerhin so sicher, daß sie 1913 eine glanzvolle Jahrtausendfeier rechtfertigten.

Chassala, Chassela, Cassela, Casle, Cassele, Cassel – der Name wechselt. Seit 1926 schreibt sich die Stadt mit K: Kassel. Um das Jahr 1180 erhielt die Siedlung Stadtrechte; durch Erbschaft und Heirat kam sie 1137 an den Thüringer Landgrafen.

Heinrich I., ein Enkel der heiligen Elisabeth, gilt als Stammvater des hessischen Fürstenhauses. Er ließ in Kassel ein festes Schloß erbauen und gründete am rechten Ufer der Fulda die ›Neustadt‹, die später ›Untere Neustadt‹ genannt wurde. Von nun an wurde das Schicksal der Stadt sechshundert Jahre lang durch Genie, Ehrgeiz, Großmut, Eitelkeit und Willkür der Landesherren bestimmt; es läßt sich an den Bauten der Stadt ablesen. Stadtteile, Plätze, Tore, Straßen, Berge, Schlösser und Schulen tragen die Namen der Landgrafen. Seit dem 15. Jahrhundert stieg deren Ansehen; Kassel wurde eine erwähnenswerte Stadt mit einem vielgenutzten Schifffahrtsweg und bedeutenden Handelsstraßen. Holländische Straße, Frankfurter Straße, Leipziger Straße heißen noch heute die großen Ausfallstraßen.

Unter Philipp Magnanimus, der in die Geschichte als ›der Großmütige‹ einging, wurde der Protestantismus eingeführt, wurde außerdem die Stadt in eine Festung umgewandelt. Seine soziale Gesetzgebung war vorbildlich für jene Zeit. Sein Testament, in dem er Hessen unter seine vier Söhne aufteilte, geriet der Stadt, nicht aber dem Land zum Vorteil. Von nun an war Kassel alleiniger Mittelpunkt und Regierungssitz von Niederhessen. Philipp der Großmütige wurde im Chorraum der Martinskirche beigesetzt. Sein Grabmal und das der Landgräfin, kräftige, prunkvolle Renaissanceplastik von Elias Godefroy, stehen im nördlichen Seitenschiff der neugestalteten Martinskirche.

Unter Landgraf Wilhelm IV. (1532–1592), ›der Weise‹

genannt, wurde das Schloß auf einer Bastion, die vor den Hochwassern der Fulda sicher war, weiter ausgebaut und die Stadt so gut befestigt, daß sie im Dreißigjährigen Krieg unzerstört blieb. Ihm verdankt sie außerdem einige Zweckbauten in schöner Weserrenaissance: das Zeughaus, den Marstall, den Renthof. Wilhelm IV. galt als einer der bedeutendsten Astronomen seiner Zeit. Auf einer Plattform seines Schlosses richtete er sich eine Sternwarte ein. Er gründete Kohlenbergwerke und eine Glashütte. Zwischen den beiden Armen der Fulda ließ er einen Renaissance-Park anlegen mit einem botanischen Garten, der auf einer Insel gelegen war. Für seine Bibliothek erwarb er eine Pergamenthandschrift des ›Willehalm‹ von Wolfram von Eschenbach, ein Psalterium aus dem Jahre 1020 und berühmte Bibeln. »Meine Stadt ist mein Denkmal!« soll er gesagt haben. Jeder Blick auf Stadtpläne und Stadtansichten jener Zeit beweist, daß er recht hatte.

Sein Sohn Moritz (1572–1632) mit dem Beinamen ›der Gelehrte‹ soll elf Sprachen beherrscht haben; er verfaßte ein Lehrbuch der Poetik. Seine Kenntnisse in der Medizin werden gerühmt, eigenhändig stellte er Arzneien her. Er spielte die Orgel und sämtliche Saiteninstrumente. In der Nähe seines Schlosses ließ er, vermutlich nach eigenen Entwürfen, ein Theaterhaus bauen: das erste ständige Theater Deutschlands. Englische Berufsschauspieler traten dort auf und spielten Komödien, die der Landgraf zum Teil selbst verfaßt hatte. Ging er auf Reisen, nahm er seine Hofkapelle, die zum Gottesdienst, zur Tafel und zum Turnier musizierte, mit. Dabei büßte er in Dresden seinen Organisten und Kapellmeister Heinrich Schütz ein, den größten unter den Musikern, die je in Kassel gewirkt haben.

Kriege, Feuersbrünste, Seuchen: mittelalterliches Stadtschicksal. Trotzdem wächst die Stadt. Neue Wohnviertel entstehen. Aber nicht aus Unternehmungsgeist der Bewohner, der durch eine landgräfliche Verfassung aus dem Jahr 1348 gedrosselt ist. Immer sind es die Landgrafen, die anordnen und ausführen lassen.

Eine Stadt, reich an Superlativen

Landgraf Carl (1654–1730) zählt zu den großen Landgrafen, er hat sechzig Jahre lang regiert. Im Jahre 1685 öffnete er seine Grenzen für die aus Frankreich flüchtenden Hugenotten. Eine Tat, die ihm einen Platz in den Geschichtsbüchern verschaffte, die sich aber als ebenso große Wohltat für seine eigene Stadt erwies. Er ließ den Franzosen, deren Zahl ein Zehntel der Einwohner ausmachte, einen eigenen Stadtteil erbauen, die ›Obere Neustadt‹. Es dauerte hundert Jahre bis zu seiner Vollendung, aber er wurde der schönste der Stadt nach einem Entwurf, der Zweckmäßigkeit mit schlichter Eleganz verband. Die Kirche, in der französisch gepredigt wurde, erhielt nicht den Namen eines Heiligen oder Reformators, sondern den des Gründers: Karlskirche. Französische Wissenschaftler, Handwerker und Künstler kamen in die Stadt, vor allem die du Rys, die als Baumeister entscheidend das Bild der Stadt geprägt haben. Auf Landgraf Carl geht das meiste zurück: der Herkules mit den Kaskaden in Wilhelmshöhe, die damals selbstverständlich noch ›Carlsberg‹ hieß, die Karlsaue mit dem Orangerie-Schloß. Ein Wunder, daß er nicht auch der Stadt seinen Namen gab. Im Jahr 1710 leisteten achttausend Arbeiter aus hessischen Dörfern Fronarbeit im Dienst des Landgrafen.

Sein Sohn Friedrich I. wurde durch Heirat König von Schweden, sein Statthalter in Kassel war Wilhelm VIII., der später regierender Landgraf wurde. Er ist der Begründer der wertvollen Gemäldegalerie. Er kaufte, kunstverständig, aber auch gut beraten, vor allem niederländische Gemälde ein. Durch Cuvilliés ließ er das schönste der Schlösser im Umkreis Kassels erbauen: Schloß Wilhelmstal.

Während des Siebenjährigen Krieges wurde die Stadt zweimal belagert, Franzosen hielten sie besetzt; dann wurde sie von den Alliierten belagert und schließlich befreit: Der Hof kehrte zurück.

Friedrich II. (1720–1785) war ein Fürst des Rokoko, der letzte der wirklich bedeutenden Landgrafen. Sein Baumeister war Simon Louis du Ry. Friedrich II. ließ nach dem Krieg die Festungsanlagen, die sich als veraltet und sinnlos erwiesen hatten, schleifen und gewann damit neuen Lebensraum für seine Stadt. Nur noch eine Zollmauer hielt fortan die Stadt in Grenzen. Die alten Stadtteile ließ er mit der neuen ›Oberen Neustadt‹ verbinden und ›die königlichen Plätze‹, wie die Kunstführer sie nennen, anlegen: Friedrichsplatz und Königsplatz. Die Landstände errichteten ihrem Herrn schon zu Lebzeiten ein Denkmal: überlebensgroß Friedrich II., nach Entwürfen von Nahl, ausgeführt in Marmor aus Carrara von Nahl dem Jüngeren, das größte Marmordenkmal seiner Zeit!

Diese Stadt ist reich an Superlativen. Das Fridericianum, am Friedrichsplatz gelegen, ist ein wahrhaft fürstlicher Bau des Klassizismus, der erste öffentliche Museumsbau des Kontinents, der auch als Bibliothek benutzt wurde. Jacob und Wilhelm Grimm hatten darin ihren Arbeitsplatz. 1771 richtete der Landgraf im ›Fürstenhof‹ in der Königsstraße ein Zahlen-Lotto ein, dessen Gewinn dem wirtschaftlichen Wiederaufbau der Stadt dienen sollte und das von den Bürgern gern benutzt wurde.

Er gründete die Maler- und Bildhauerakademie, die Gesellschaft der Altertümer, wenige Jahre später eine ›École militaire‹; auch die Einrichtung einer Charité und eines Findelhauses gehen auf ihn zurück.

Sein Nachfolger Wilhelm IX. galt als der reichste unter den deutschen Fürsten. Er trat als Bankier auf, »Blutgeld« steht in den Geschichtsbüchern. Friedrich II. hatte seine Landeskinder an England ›verkauft‹: Soldaten für den amerikanischen Unabhängigkeitskrieg. Andere Fürsten taten dies auch, aber weniger erfolgreich. 1803 wird ihm ein ehrgeiziger Wunsch erfüllt, er wird ›des Reiches Kurfürst‹; fortan nennt er sich Kurfürst Wilhelm I., aber schon 1806 muß er fliehen, weil Napoleons Truppen die Stadt besetzen. Jérôme Bonaparte zieht ein und regiert von ›Napoleonshöhe‹ aus das große Königreich ›Westphalen‹. Sieben Jahre lang weht ein Hauch vom Geist der Französischen Revolution durch die absolutistisch regierte Stadt, auch ein Hauch von französischer, leichterer Lebensart. Nachdem russische Truppen die Franzosen vertrieben haben, kehrt der Kurfürst, unbelehrt, aber trotzdem von seinen Untertanen bejubelt, zurück.

Das 19. Jahrhundert ist kein Ruhmesblatt in der Geschichte und der Baugeschichte der Stadt. Politische und familiäre Zwistigkeiten bei Hof, unter denen auch die Stadt zu leiden hat. Dem Absolutismus der Kurfürsten stand eine freiheitlich gesinnte Oberschicht des Bürgertums gegenüber. Die Juli-Revolution bot den Anstoß zum offenen Ausbruch der lange schwelenden Opposition: Das Land gab sich eine liberale Verfassung.

In den dreißiger Jahren fielen einige der schönsten Bauten der Altstadt – das gotische Rathaus, das Tuchhaus – dem städtischen Ehrgeiz zum Opfer. Eine freiheitliche Zeit setzte nach der Revolution von 1848 ein, aber schon nach wenigen Jahren hatte sie ein Ende, als die liberale

Verfassung von 1831 geändert werden mußte. Es gab im 19. Jahrhundert durchaus aufrechte demokratische Bürger in der Stadt, aber die Zahl derer überwog, die es liebten, die kurfürstliche Kutsche, von sechs weißen Isabellen gezogen, durch die Wilhelmshöher Allee fahren zu sehen, jene von Simon Louis du Ry angelegte, fünf Kilometer lange Allee, welche die Stadt mit dem Bergpark Wilhelmshöhe verbindet. Vom letzten Kurfürsten hieß es, daß »Hoheit die hohen Schornsteine nicht lieben«. Er war ein Feind der beginnenden Industrialisierung und wünschte, daß seine Stadt den Charakter der Residenz beibehielt.

Hauptstadt einer preußischen Provinz

1866 brach der ›Deutsche Bund‹, zu dem auch Hessen-Kassel gehörte, auseinander. Die Preußen rückten ein, der Kurfürst geriet in Gefangenschaft. Sechshundert Jahre selbständiger Geschichte waren zu Ende. Der rote hessische Löwe wurde durch den schwarzen preußischen Adler ersetzt. Die Gesandtschaften verließen die Stadt, die nun die Hauptstadt einer preußischen Provinz wurde. Ein schlimmes Datum für die hessischen Patrioten, aber ein gutes für die Stadt, die nun aufblühte. Die Garnison wurde auf das Dreifache verstärkt, das Generalkommando II hier stationiert. Kassel blieb eine Stadt der Militärs, der Beamten und Beamten im Ruhestand.

In den Gründerjahren wurde auch in Kassel gegründet, vornehmlich Werke der Schwerindustrie, Waggonbau, Maschinenbau, auch feinmechanische Betriebe, Weberei. Die Firma Henschel, die bereits seit 1810 bestand, wurde ein Jahrhundert lang das Barometer des Wohlstands, vergleichbar der Bedeutung, die Krupp für Essen besitzt. Friedens- und Kriegsproduktion, Lokomotiven und Kanonen, Lastwagen und Panzer.

Wie zuvor die Landgrafen haben später Preußen und der deutsche Kaiser das Bild der Stadt mitbestimmt: das Rathaus im wilhelminischen Barock, das Justizgebäude in monströser Architektur, dort, wo das alte Landgrafenschloß gestanden hatte, das der erste Kurfürst nach dem Brand durch eine großartige ›Kattenburg‹ ersetzen wollte, einer der Pläne, die nie über eine Baustelle hinaus gediehen. Neorenaissance und Neobarock für die Profanbauten, Neugotik für die protestantischen, Neuromanik für die katholischen Kirchen. Kulturelle Armut bei wirtschaftlichem Fortschritt. Die große Bauperiode setzte in Kassel, wo die Uhren immer ein wenig nachgehen, später ein als anderswo; daher rührt wohl die große Zahl der Mietshäuser mit den dekorativen, hellen Jugendstilfassaden.

Kaiser Wilhelm II. erhob Schloß Wilhelmshöhe zu seiner Sommerresidenz, die Stadt durfte sich Hauptstadt nennen. Kaiserlicher Glanz fiel auf sie. Aber am 9. November 1918 endete auch dieses Kapitel der Stadt- und der deutschen Geschichte. Vom Schloßhotel aus leitete Generalfeldmarschall von Hindenburg die Demobilisierung des deutschen Heeres. Die Novemberrevolution vollzog sich schnell, unblutig. Philipp Scheidemann, den Kassel zu seinen großen Söhnen zählt, stand bis 1925 an der Spitze der demokratischen Stadtverwaltung; als Reichsministerpräsident weigerte er sich, das Versailler Diktat zu unterzeichnen. 1933 wurde Kassel Sitz eines Gauleiters der NSDAP von Kurhessen-Waldeck. Im Dritten Reich, das sich das ›Tausendjährige‹ nannte, wurde eine tausendjährige Geschichte beendet. Das Datum des 22. Oktober 1943 ist für die Stadt so wichtig wie das Jahr ihrer ersten urkundlichen Erwähnung, das Datum ihrer Zerstörung. Als am 5. April 1945 amerikanische Truppen einzogen, existierten noch 71 000 Menschen in den Trümmern; vor Ausbruch des Krieges waren es 230 000 gewesen. Fabriken, die nicht zerstört waren, mußten demontiert werden; die noch unzerstörten Brücken wurden gesprengt.

Kein Darwinismus in der Kunst

1945 fing man wieder ganz von vorn an: Fährbetrieb über die Fulda, die Menschen in Zelten und Höhlen. Seither versucht man, in wenigen Jahrzehnten wiederaufzubauen, was, in Jahrhunderten gewachsen, in einer Stunde vernichtet wurde. Verzweiflung und Verwegenheit mögen die Männer der Stadtverwaltung nach dem Krieg dazu bewogen haben, auch Kassel als provisorische Bundeshauptstadt vorzuschlagen. Damals schien es noch eine zentral gelegene deutsche Stadt zu sein. Aber sie war an den Rand gedrängt worden, an den Rand des neuen Bundeslandes Hessen, das von Wiesbaden aus regiert wird, und an den Rand der Bundesrepublik. 50 Kilometer östlich der Stadt verläuft eine der heißen Grenzen der Welt. Im Mai 1970 rückte die Stadt ins Blickfeld der Weltöffentlichkeit, als sich im neuen Schloßhotel Wilhelmshöhe Bundeskanzler Brandt und Ministerpräsident Stoph trafen, um das west-östliche Verständigungsgespräch fortzuführen.

Der hessische Staat hat das Erbe der hessischen Fürsten angetreten, auch in den kulturellen Belangen. Die Stadtverwaltung besäße gern mehr Einspruchsrechte gegenüber der ›Staatlichen Verwaltung der Schlösser und Gärten‹ (in Bad Homburg). Dort möchte man bewahren, hier benutzen; unterschiedliche Interessen, auch Schwierigkeiten, aber die Vorzüge für die Stadt, zwei Geldgeber zu besitzen, überwiegen. Diese schwer betroffene Stadt kann gar nicht genug Geldgeber haben! Bundes- und

Landesbehörden wurden nach Kassel gelegt, um die Stadt für den Verlust des Charakters der Landeshauptstadt zu entschädigen: das Bundesarbeitsgericht und das Bundessozialgericht, der Volksbund Deutsche Kriegsgräberfürsorge, der hessische Verwaltungsgerichtshof. Es fehlt an Mäzenen. Die großen Firmen wurden Tochter- und Zweiggesellschaften großer Konzerne. Bürgerstolz und Bürgerinitiative sind noch unterentwickelt. Der Kasselaner blickt erwartungsvoll oder verärgert zum Rathaus, wie er jahrhundertelang zum Schloß geblickt hat.

Die Baugeschichte der Schlösser, Kirchen und Brükken, Denkmäler endet mit dem gleichförmig-lapidaren Satz: im Zweiten Weltkrieg zerstört. Verletzlichkeit der Städte: Mauern zerbersten, Gebälk geht in Flammen auf, Glas zerspringt. Bilder und Dokumente sind leichter und sicherer zu bewahren. Einzig die Idee des Baumeisters, das, was an einem Bauwerk Geist war, ist unzerstörbar. Es bleibt die Bauzeichnung, die Radierung, das Aquarell und die Fotografie. Die Erinnerung der Überlebenden ist unzuverlässig, wird von der Gegenwart unaufhörlich attackiert und buchstäblich verbaut.

In der Kunst gibt es keinen Darwinismus, kein Bestehen oder Nicht-Bestehen günstiger oder ungünstiger Umweltbedingungen. Kriege betreiben eine negative, zumindest eine willkürliche Auslese. Schlösser werden zerstört, das Generalkommando bleibt erhalten. Die mittelalterliche Altstadt wurde stärker betroffen als die Industrieviertel, weil sie leichter brennbar und dichter besiedelt war. Die Bilanz der Zerstörung: 4 Schlösser, 19 Kirchen, 20 Schulen, 12 Krankenhäuser und Sanatorien, 5 Museen und Galerien, Staatstheater und sämtliche Kinos.

Wer in Kassel lebt, ist den Umgang mit Ruinen gewohnt. Die Augen sind abgehärtet, auf das Neue gerichtet. Jacob Grimm sagte dem Hessen, und er wird dabei an seine Kasseler Mitbürger gedacht haben, einen »Mangel an Zierlichkeit und Bequemlichkeit« nach; er sprach aber auch von einem »gewissen Ernst, einer gesunden, tüchtigen, tapferen Gesinnung, einer Strenge und Dürftigkeit der Lebensweise«. Der Kasseler Bürger rechnet nicht damit, daß die ›Orangerie‹, das schönste und unbrauchbarste seiner Schlösser, wiederaufgebaut wird; die Zeiten der Lustschlösser und Mätressen sind vorbei. Luxus kann man sich nicht mehr leisten, das Nützliche kommt vor dem Schönen. Es geht um das Allgemeinwohl. Demokratie. Der Bürger hat Oberbürgermeister und Magistrat unter Kontrolle wie seinerzeit die Landgrafen ihre Untertanen. Der letzte Kurfürst untersagte das Rauchen in Wilhelmshöhe und der ›Oberen Neustadt‹. Seine Soldaten hatten Polizeigewalt. Wer an der Hoftafel des Landgrafen Wilhelm IV. beim Gebet sprach, während des Essens lauthals lachte, unflätige Wörter gebrauchte, fluchte oder sich betrank, mußte eine Geldbuße entrichten. Weigerte er sich aber, legte der Marschall ihm »zum Spektakel und Abscheu« einen Maulkorb an.

Der Wiederaufbau der Stadt Kassel hat später begonnen als in anderen Städten; er konnte daher großzügiger geplant werden, sofern eine Stadt bei so beschränkten Haushaltsmitteln überhaupt großzügig planen kann. Neue Straßenzüge sind entstanden, alte wurden verbreitert; von ›Altstadt‹ und ›Oberer Neustadt‹ spricht keiner mehr, sie sind zur ›Innenstadt‹ geworden; die alte ›Untere Neustadt‹ ist aus dem Stadtbild verschwunden. Eines hat sich entscheidend verändert: die Farbe der Stadt, die Atmosphäre. Kassel scheint einige Breitengrade südlicher wiederaufgebaut worden zu sein. Die Stadt ist heller ge-

worden, offener zur Landschaft hin. Der große Wieder-
belebungsversuch fand im Jahr 1955 statt: ›Bundesgartenschau‹ und ›documenta I‹. Man sprach von Kassel
wieder in anderem Zusammenhang als nur von seiner
Zerstörung.

## Restaurierte Erinnerungen

Wer auf dem Friedrichsplatz steht, hat Jahrhunderte auf
einmal im Blick: Druselturm und Zwehrener Turm, Teile
der alten Befestigungsanlagen. Die gotische Brüderkir-
che, 1292–1376 von den Karmelitern erbaut, mit dem
düsteren Engel aus Eisen an der Nordwand, der an die
Opfer der großen Katastrophe mahnt. Die Türme der
Martinskirche, jener ›großen Kirche‹, die 1364 begonnen und erst im 19. Jahrhundert, neugotisch, vollendet
wurde; nach ihrer Zerstörung hat man sie auf den verbliebenen Resten wiederaufgebaut mit erhöhtem goti-
schem Chor, Türmen aus heimischem Buntsandstein,
höher als zuvor, modernisierte Gotik, auffällig in der Silhouette der Stadt. Das ehemalige Elisabethenhospital
aus dem Ende des 13. Jahrhunderts mit der Statuette der
heiligen Elisabeth an der Hausecke, jetzt eine Weinstube.
Das barock-gelbe Ottoneum, das klassizistische Fridericianum. Vom ›Roten Palais‹, das der Baumeister Bromeis
gebaut hatte, blieb der Porticus mit seinen klassizistischen Säulen erhalten; ihm wurde die schwere Aufgabe
zuteil, als ungenutzter Eingang eines Warenhauses den
Übergang der historischen Gebäude des Friedrichsplatzes zu den Geschäftshäusern der Königsstraße optisch zu
erleichtern. Die alte Kommandantur wurde restauriert
als letzte Erinnerung an die schönen Bauten der Oberen
Neustadt. Dazu der eher modische als moderne Bau des
neuen Staatstheaters, Kaufhäuser, Krankenkassen, das

Regierungsgebäude; Kassel ist Sitz eines Regierungspräsidenten.

Die Schlösserfront des Friedrichsplatzes blieb, wie die Altstadt, in unzähligen kolorierten Stichen und Fotografien erhalten, das muß genügen. Das alte Kassel besteht nur noch auf dem Papier.

Der Marstall aus dem späten 16. Jahrhundert wurde wiederaufgebaut und dient heute als Markthalle und zugleich als Stadtarchiv; der Renthof, ehemals Sitz der Regierung und des Konsistoriums, wurde restauriert, ist heute ein Altersheim; ein Gebäudeteil dient dem Staatstheater als Requisitenkammer.

Neue Schulen wurden gebaut, auch neue Kirchen, aber nicht aus einem erneuerten Glauben heraus, weshalb sie, wie anderswo, allenfalls interessante Lösungen moderner Bautechnik darstellen. Neue Stadtviertel entstanden, darunter eines, das die neuen, südlichen Charakterzüge der Stadt besonders deutlich trägt: die Gartenstadt Auefeld.

Wer aus dem neuen Bahnhofsgebäude tritt, wird von festlich sprudelnden Brunnen begrüßt. Über die Stadt hinweg blickt er ins hessische Land. Er wird auf rollenden Treppen in ein unterirdisches, dreigeschossiges weltstädtisches Verkehrssystem befördert; er taucht auf und wieder unter, gerät auf die Treppenstraße, die meistfotografierte Straße der Stadt, kommt an Anlagen und Auslagen und südlichen Straßencafés vorüber, bis er auf die angenehmste Weise, von Kraftfahrzeugen nicht gefährdet, den Friedrichsplatz erreicht. Er müßte jetzt nur den Weisungen der Linden und Unterführungen folgen, dann gelangte er auf die weite Plattform oberhalb der Aue, wo einmal das Aue-Tor stand und später das alte Staatstheater den Blick versperrte und wo er jetzt auf breiten Treppen hinunterschreiten könnte in die Karlsaue. Aber die meisten Besucher bleiben auf der Königsstraße hängen, erliegen dem Zwang zu konsumieren. Goethe, der die Stadt mehrfach und gern besuchte, schrieb an seine Frau Christiane: »... in Cassel kannst Du Dir ein Hütchen kaufen und ein Kleid, sie haben die neuesten Waren dort so gut als anderswo.« Kassel ist eine Einkaufsstadt. Das Hinterland der Verbraucher ist groß. Die nächsten Großstädte sind weit entfernt: Hannover 170 Kilometer, Frankfurt 180 Kilometer. Die Kaufhäuser gehören allen, die Schlösser, Museen und Parks scheinen noch immer wenigen Bevorrechteten zu gehören.

Eine Stadt der schönen Gärten und Parks

Kassel ist eine Stadt der schönen Gärten und Parks. Die Aue, ein planiertes Gelände, 150 Hektar groß, liegt unmittelbar am Rand der Innenstadt. Die Landgrafen Wilhelm der Weise und Moritz der Gelehrte hatten hier bereits ihre Renaissance-Gärten, in denen sie ihren botanischen und medizinischen Neigungen nachgingen. Die jetzige Karlsaue geht aber auf den Landgrafen Carl zurück, im Sinne des französischen Architekten Le Nôtre geplant und von Gartenmeister Johann Adam Wunsdorf ausgeführt: eine Reißbrettkonstruktion in Form einer Leier, durch Fulda und ›kleine Fulda‹ in ihren Ausmaßen festgelegt. Die Wasserläufe waren, wie es heißt, »mit großen Schiffen« befahrbar, dazu breite Alleen, Wassergräben, ein See mit einer Insel, darauf ein Tempel, ein aufgeschütteter Hügel, ebenfalls von Wasser umgeben, jetzt ›Siebenbergen‹ genannt – eine botanische Kostbarkeit. Die Höhe der Bausumme hat keiner erfahren. Selbst ein so absolutistisch regierender Landgraf hielt es für ratsam, die Rechnungen zu verbrennen, damit sie seiner Rechnungskammer nicht zu Gesicht kämen. Die kunstvolle, nach ›Versailler Diktat‹ barocke Parkanlage wurde später englisch-romantisch verändert. Im Laufe einer Vegetationsperiode wird, was Kunst ist, von der Natur überwuchert, um dann im Winter wieder im Auftrag der Gartenverwaltung in architektonische Ordnung zurückgebracht zu werden. Auf weiten Rasenflächen schlagen höfische Pfauen ihr Rad, unter hohen Baumgruppen blühen im Frühling Krokusse und Narzissen; Bleßhühner, schwarze und weiße Schwäne auf den Seen und Wassergräben, am Himmel Wildenten in schöner Formation. Noch Mitte des 19. Jahrhunderts dehnte sich die Karlsaue weiter aus als die gesamte Stadt. Das Betreten des Parks war nur »reputierlichen Bürgersleuten« gestattet, aber »gemeinen Soldaten, Handwerksburschen, Tagelöhnern, Knechten und Mägden ohne Beysein ihrer Herren, desgleichen Jungen, Kindern oder anderem lüderlichen Gesindel durchaus versagt«. Heute sind Schilder auf den Rasenflächen angebracht: »Spiel- und Liegewiese«. Der Kasselaner scheint aber noch immer überrascht, daß er die Besitzungen der Landgrafen überhaupt betreten darf; er tut nach wie vor, was ihm die Parkordnung befiehlt, er schont seine Anlagen.

Die Schäden, die dem Park im Krieg zugefügt wurden, sind beseitigt, die Bombentrichter zugeschüttet. Die Natur ist barmherzig, sie verwächst Schäden. Seit der Bundesgartenschau ist die Karlsaue schöner, als sie jemals zuvor gewesen war. Zur Architektur eines Parks gehört im barocken Sinne ein Schloß; hier ist es die Orangerie. Sie wurde zu Beginn des 18. Jahrhunderts gebaut; als Baumeister werden Guernerio und du Ry genannt. Ein Jahrhundert lang diente das festlich-heitere Schloß den Landgrafen als Sommersitz, bis sie dann im 19. Jahrhundert das moderne, heizbare Schloß Wilhelmshöhe bevorzugten. Auch die Orangerie ist zerstört, nur das Marmorbad blieb verschont. Ein prunkvoller Bau in italienischem Barock, sehenswert auch für den Soziologen, nicht nur für den Kunstliebhaber.

Ende des 18. Jahrhunderts wurde vor der Gartenseite des Schlosses das große Rasenspielfeld angelegt, der Bowlinggreen, auf dem Paraden, Reiterspiele und Turniere stattfanden. An den Rändern dieser ›Karlswiese‹ stehen auf hohen Sockeln barocke Sandsteinfiguren, Gestalten aus der antiken Mythologie. Als Wächter der großen Allee dienen die Rossebändiger des Bildhauers Nahl. Steinerne Requisiten des landgräflichen Parks, die zu Zeiten der ›documenta‹ jäh konfrontiert werden mit Kunstobjekten des 20. Jahrhunderts, aufgestellt auf dem fürstlichen Bowlinggreen und vor den entblößten, zerborstenen Schloßmauern, auf deren Simsen die letzten Figuren des 18. Jahrhunderts balancieren – eine hoch geeignete Kulisse für moderne Kunst! Die große Zahl repräsentativer Ruinen macht Kassel für diese Veranstaltung so geeignet. Was zunächst als Provisorium gedacht war, ist inzwischen Tradition geworden. Die Bewohner der Stadt nehmen mit Überraschung wahr, daß man aus aller Welt herbeikommt, nicht um ›die Rembrandts‹ zu sehen, den nächtlich beleuchteten Herkules, die springenden Wasser in Wilhelmshöhe, sondern so spektakuläre Ausstellungsstücke wie die ›verpackte Luft‹ eines Christo der ›documenta IV‹.

Bergpark Wilhelmshöhe

Der Naturpark Wilhelmshöhe ist ein Gesamtkunstwerk aus Architektur, Plastik, Wasserkunst und Landschaft. Der Plan hat nicht seinesgleichen in Europa. Leibniz stellte bereits fest, hier sei Tivoli überboten, und Klopstock blickte hinunter »auf den großen, schönen Gedan-

ken, den der Landgraf in Gottes Schöpfung hineinge-
worfen«. Es handelt sich wieder einmal um einen
Gedanken des Landgrafen Carl, um die Auswirkung seiner Italienreise. Der erste Plan des Riesenprojekts geht
auf Giovanni Francesco Guernerio zurück, von dem jedoch nur ein Drittel verwirklicht wurde. Guernerio ließ
als Baumaterial heimischen grauen Basalttuff verwen-
den, der sich in der Folge als nicht wetterbeständig erwies. 1701 begann er mit der Ausführung, 1715 floh er,
weil ihm sein Projekt wohl über den Kopf wuchs. Künstlerische oder auch nur ästhetische Maßstäbe darf man
hier nicht anlegen; die würden sich als zu klein erweisen.
Hier gilt einzig das Großartige, das Phantastisch-Nutz-
lose. Das düstere ›Oktogon‹, zunächst als ein ›Tempel
der Winde‹ erbaut, wird seit zwei Jahrhunderten in diesem imponierenden, provisorischen und kostspieligen
Zustand erhalten. Nur wenige Räume des Riesenschlos-
ses wurden ausgebaut und in einen bewohnbaren Zustand gebracht. Auf der großen Plattform des Oktogons
wurde eine Pyramide errichtet, auf welcher der Herkules
steht, eine Nachbildung des Farnesischen Herkules aus
dem Museum in Neapel, im Messinghof in der Leipziger
Straße geschmiedet. Brustumfang nahezu fünf Meter.
902 Treppenstufen führen vom Fuß der Kaskaden bis
zur Keule des Herkules, täglich von Touristen nachge-
zählt.

Der Park stellt eine Fundgrube für Mythologen und
Historiker dar. Nachbildungen der Cestius-Pyramide
und des Grabmals des Vergil, Eremitage des Sokrates,
Pluto-Grotte, Merkur-Tempel. Eine chinesische Pagode,
künstliche Seen, Attrappen aller Art – eine kleine Welt-
ausstellung jener Kunstwerke, die die Fürsten dieser
Epoche liebten. Die Gärten des Hadrian auf hessisch.

Die Ruinen eines römischen Aquäduktes gehen auf

eine Idee des ersten Kurfürsten zurück, ebenso die Löwenburg, die er als romantische Ruine erbauen ließ. Sie ist noch heute das Entzücken aller Kinder: Wassergraben, Ziehbrücke, Burgfried, eine Postkartenschönheit. Jussow, der kurfürstliche Architekt, mußte sie mittelalterlichen schottischen Schlössern nachbilden. Im letzten Krieg wurde sie bombardiert und somit nach 150 Jahren als Ruine legitimiert. Der Kurfürst ließ sich dort begraben, auf seinem Grabmal ruht ein liegender Ritter. Heute befindet sich in der Löwenburg ein kleines Museum mit einer berühmten Waffensammlung und sehenswerten Turnierrüstungen. An warmen Sommerabenden finden im Burghof Serenaden-Konzerte statt.

Seit der Regierungszeit des ersten Kurfürsten blieb der Park im wesentlichen unverändert, soweit Natur unveränderbar bleibt. Wachsen ist ein ständiges Sichverändern. Die zahlreichen Pläne des Bergparks Wilhelmshöhe tragen die Handschriften ihrer Herren: die barocke Handschrift des Landgrafen Carl, die Handschrift des Rokoko von Friedrich II. und die heroisch-sentimentale von Kurfürst Wilhelm I. Er ist auch der Bauherr des heutigen Schlosses, errichtet an jener Stelle, an der Mitte des 12. Jahrhunderts vom Erzbischof von Mainz das Kloster Weißenstein gegründet und 1606 unter Moritz dem Gelehrten, nachdem das Kloster aufgelöst worden war, das Jagdschloß Weißenstein erbaut wurde. Er gab dem klassizistischen Dreiflügelbau mit den ionischen Säulen vor dem Portal 1798 seinen Namen: Wilhelmshöhe. Die Zwischenbauten gehen auf Wilhelm II. und seinen Architekten Bromeis zurück. Seither riegelt das Schloß wie eine prachtvolle Sperrmauer den Park von der Stadt ab. Der Mitteltrakt wurde im Zweiten Weltkrieg durch Bomben zerstört, seit 1966 wird das Schloß wiederaufgebaut. Im unzerstörten Weißensteinflügel sind eine

Reihe von Räumen zur Besichtigung freigegeben. Das Inventar stammt zum Teil aus dem zerstörten Stadtschloß, dem ›Roten Palais‹, pracht- und prunkvoll, im Stil des französischen und englischen Empire. Reste der einst bedeutenden Bibliothek sind in Wandschränken kaserniert.

Das ›Ballhaus‹ neben dem Schloß, von Leopold von Klenze für Jérôme erbaut, steht ungenutzt. Das Gewächshaus, eine der frühen Eisen-Glas-Konstruktionen, in dem Mimosen, Kamelien, Azaleen und Orchideen blühen, wird von den Kasselanern ebensosehr geschätzt wie der Park; sie sind insgesamt mehr Natur- als Kulturliebhaber.

»In Wilhelmshöhe ist jeder Atemzug einen Taler wert«, sagte der Leibarzt Bismarcks. Man sollte den Bergpark ›Luft- und Kulturbad Wilhelmshöhe‹ nennen. Sechshundert Gehölze der nördlichen Hemisphäre sind vertreten, Ginkgo-Baum, Schierlingstanne, Eibe und Tulpenbaum. Königin Luise war zu Gast in Schloß und Park Wilhelmshöhe und im Jahr 1907 auch Eduard VII. Selbst von Napoleon III., der nach der Schlacht von Sedan hier gefangengehalten wurde, fällt noch Glanz auf Wilhelmshöhe. Holländer, Engländer und Amerikaner bevorzugten es seit dem vorigen Jahrhundert; in dieser kultivierten Form liebten sie Natur. Die Liste der namhaften Besucher, die die Wilhelmshöhe rühmten, ist lang: Hölderlin, Kleist, Jean Paul, Campe, Brentano, Arnim.

Die Wasserspiele sind ein Wunderwerk der Wasserarchitektur. Natürliches Gefälle wird kunstvoll genutzt. Von Quellen gespeist, in großen Behältern gespeichert, stürzen sich die Wasser gebändigt, sich teilend, dann sich wieder vereinend über die Stufen der Kaskaden, lassen Fontänen springen, setzen Vexierspiele in Gang, lassen einen Polyphem die Flöte blasen, stürzen sich über Wasserfälle und Aquädukte, verlaufen streckenweise unterirdisch, stauen sich, gewinnen neue Kraft, die sich am Schluß der Darbietung, die insgesamt eine Stunde lang dauert, in einer 50 Meter hohen Fontäne entlädt. In fürstlichen Zeiten sprangen die Wasser nur wenige Male im Jahr, heute springen sie kostenlos zweimal in der Woche für die Besucher, die zu Tausenden von weit her kommen. Das Natürliche, hier wirkt es kunstvoll; das Kunstvolle, hier wirkt es natürlich. Abends, wenn Herkules und Kaskaden in grünem Licht erstrahlen, glaubt man, vor der gigantischen Kulisse einer Händel-Oper zu stehen.

Am südlichen Rand der Stadt, nahe der Frankfurter Straße, liegt das Schlößchen Schönfeld, pastellrosa auf grünem Rasen unter hohen Linden und Kastanien am Rand eines kleinen englischen Parks. Ein Oberst Schönfeld ließ es sich 1777 als Jagdschloß erbauen, unter Jérôme wurde es als Lustschloß benutzt, später wurde es, inzwischen erweitert, von der verstoßenen, kunstsinnigen Kurfürstin bewohnt und nach ihr ›Augustenruh‹ benannt. Künstler gingen ein und aus, die Brüder Grimm, die Brentanos, die Arnims. Der im Krieg zerstörte Seitenflügel wurde wieder, getreu den Vorlagen, aufgebaut, heute dient das Schlößchen als Gästehaus und Restaurant. Den Charakter des Lustschlosses hat es bewahrt; es ist das Schlößchen, in dem die Kasseler Einwohner ihre Hochzeiten feiern.

Der nahe gelegene botanische Garten lockt die Gartenfreunde an. Zahlreiche andere, kleinere Parks und Anlagen laden Hundehalter und Rentner zu kleinen Spaziergängen ein: Aschrottpark, Goetheanlage, Fürstengarten, Stadthallengarten, Tannenwäldchen.

Eine Reihe bedeutender Museen bezeugen die reiche Geschichte und Kulturgeschichte der Stadt. Die staatlichen und städtischen Kunstsammlungen werden seit 1971 gemeinsam verwaltet. Der Kunstkenner, der nach Kassel kommt, wünscht als erstes ›die Rembrandts‹ zu sehen: das frühe Selbstbildnis aus dem Jahr 1627, die ›Saskia‹ der dreißiger Jahre, das späte Selbstbildnis aus dem Jahr 1654 und das Glanzstück – den ›Segen Jakobs‹. Die Galerie besitzt allein siebzehn Bilder von Rembrandt, acht von Rubens, elf von van Dyck, sieben von Frans Hals, darunter den beliebten ›lustigen Zecher‹ und den ›Mann mit dem Schlapphut‹. Die Jordaens-Sammlung ist die größte außerhalb Belgiens. Der Schwerpunkt liegt auf den Niederländern gemäß den Neigungen des Landgrafen Wilhelm VIII., dessen systematischem Ankauf die Stadt eine Galerie von europäischem Rang verdankt. Inzwischen ist der Bestand ergänzt. Deutsches Mittelalter – Dürers Bildnis der Elisabeth Tucher, ein Altdorfer, ein Hans Baldung Grien – ist ebenso vertreten wie die Italiener. Der Bestand ist überschaubar. Man genießt die Galerie ohne Ermüdung. 18. und 19. Jahrhundert sind vornehmlich durch hessische Maler vertreten, darunter die Tischbeins. Ein Transparent C. D. Friedrichs, drei große Bilder Kobells, Mackart, Slevogt, Corinth. Bis hin zu den klassischen Modernen: Kirchner, Heckel, Schlemmer, Ernst, Baumeister, Nay, Winter. Eine reichhaltige Sammlung moderner Graphik; ein Kupferstichkabinett mit nahezu 20 000 Blättern.

Die Antikensammlung geht auf einige Weih-Reliefs zurück, die von hessischen Truppen Ende des 17. Jahrhunderts erbeutet wurden. Einige schöne griechische und römische Marmorskulpturen gehören zum wertvollen Bestand, darunter der berühmte und beliebte ›Kasseler Apoll‹, eine römische Kopie nach Phidias, 5. Jahrhundert vor Christus, als in Nordhessen noch Eisenzeit war. Funde aus der Vor- und Frühgeschichte.

Die Stadt besitzt eine bedeutende physikalische Sammlung mit einem alchimistischen Destillierofen des gelehrten Landgrafen Moritz, frühen mathematisch-geodätischen Instrumenten, astronomisch-kalendarischen Uhren, magnetischen Experimentiereinrichtungen. Die im Krieg zur Hälfte zerstörte Sammlung wurde restauriert und ergänzt.

Hessische Volkskunde: Haus- und Arbeitsgerät, Kunsthandwerk aus Bernstein, Elfenbein, Perlmutt; Töpferwaren, Korbwaren; Porzellan und Glas aus hessischen Werkstätten. Praktisches und Schönes aus Jahrhunderten, in denen sich das Schöne vom Praktischen nie weit entfernte; dazu einige Kuriosa aus den Schlössern der Landgrafen.

Der älteste und wohl kostbarste Besitz der Stadt, das Hildebrandslied (um 800 n. Chr.), ging 1945 verloren. Ein Blatt wurde in den USA wiederaufgefunden und wird seither im Tresor einer Bank vor Zugriff und Anblick bewahrt.

Das Naturkundemuseum geht auf die ›Naturaliensammlung‹ der Landgrafen zurück. Aquarien, Terrarien, säugetierkundliche und vogelkundliche Sammlungen, Petrographie und Paläontologie, Botanik; eine höchst anschauliche und originelle Holzbibliothek aus dem 18. Jahrhundert. Der Bestand, ebenfalls zur Hälfte zerstört, wird planvoll ergänzt.

Das deutsche Tapetenmuseum befindet sich in Kassel, es ist das einzige Fachmuseum seiner Art auf der Welt. 1923 wurde das Museum im Residenzschloß am Friedrichsplatz eröffnet, vieles wurde zerstört, aber Wertvolles blieb erhalten und konnte ersetzt werden. Eine nahezu lückenlose Geschichte der Wandbekleidung von den Anfängen bis in die jüngste Gegenwart.

Kassel, ein Sprungbrett für Künstler und Wissenschaftler

Kassel ist kein berühmter Geburts- oder Sterbeort. Im Leben großer Persönlichkeiten war die Stadt immer nur eine Zwischenstation. Selbst die Brüder Grimm, die Kassel mit gutem Recht für sich beansprucht, sind weder hier geboren noch begraben. Als sie 1830 einen Ruf an die Göttinger Universität erhielten, unternahm der Kurfürst keinen Versuch, sie zu halten. Die großen Lebenden hatten es immer schwer in dieser Stadt, in der man Eigenart oder gar Genialität nicht so sehr schätzt. Dynamischen Naturen wird es hier auch heute noch leicht zu eng, sie benutzen Kassel als Sprungbrett. Anders ist es mit den großen Toten. Ihnen richtet man Gedenkstätten ein und Archive, baut ihnen Brunnen, benennt Schulen nach ihnen, Straßen und Plätze. Die Fürsten setzten sich ihre Denkmäler und Grabsteine selbst und verließen sich nicht auf Dankbarkeit und Anerkennung ihrer Nachkommen. Jacob und Wilhelm Grimm, der eine Sprachforscher, der andere Rechtsgelehrter, verbrachten bei bescheidenen Einkünften und weitgehend unbeachtet in Kassel ihre entscheidenden Arbeitsjahre. Von 1812 an gaben sie die ›Kinder- und Hausmärchen‹ heraus, die ihnen Catharina Dorothea Viehmann aus dem Vorort Niederzwehren erzählte. Die ›Deutsche Grammatik‹ wurde hier erarbeitet, ebenso wie die Anfänge des großen ›Deutschen Wörterbuchs‹. Ein Museum und eine Gesellschaft wurde zu ihrem Gedenken gegründet. Auch für Ludwig Emil Grimm, den Malerbruder; er war ein Wilhelm Busch des Biedermeier, ein Ludwig Richter aus Kassel. In den dreißiger

Jahren unseres Jahrhunderts erhielt ein Mädchengymnasium den Namen ›Jacob-Grimm-Schule‹.

Heinrich Schütz hat am Hof des Landgrafen Moritz als Organist, Kapellmeister und Komponist gewirkt. Erst im 20. Jahrhundert wurden Gesellschaften zu seinem Gedächtnis gegründet; ein Gymnasium trägt seinen Namen.

Louis Spohr, der größte Geigenvirtuose neben Paganini, war von 1822–1857 Kapellmeister in Kassel. Er war ein Wegbereiter Wagners, ließ Bachs ›Matthäus-Passion‹ in der Martinskirche aufführen, komponierte Sinfonien, Opern, Violinkonzerte. Im März 1851 klagt er einem Londoner Freund die Zustände in Kassel, wo man »die demoralisierten Fürsten zum Lande hinausjagen sollte . . . Um unseren Unmut nicht zu steigern, musizieren wir fleißiger wie je«. Zu seinen Ehren wurde ein Spohr-Denkmal auf dem Opernplatz errichtet, und seit 1966 besteht auch eine ›Louis Spohr-Gedenk- und Forschungsstätte‹, in der alle Publikationen über Geiger und Geigen gesammelt werden.

Gustav Mahler schrieb in der Zeit, als er Kapellmeister am Kasseler Hoftheater war, seine ›Lieder eines fahrenden Gesellen‹. Seit 1936 finden alljährlich im Herbst die Kasseler Musiktage statt, zunächst als Anregung zum Selbst-Musizieren gedacht. Der Arbeitskreis für Haus- und Jugendmusik wurde inzwischen zum ›Internationalen Arbeitskreis für Musik‹. Die Kasseler Musiktage bringen vornehmlich zeitgenössische und ältere, zu Unrecht vergessene Musik zur Darbietung. Das Musikleben hat in Kassel eine lange, gepflegte Tradition. Ernst Krenek wurde hier uraufgeführt, auch H. W. Henze.

›Die Mara‹, Sängerin von Weltruf, wurde 1749 in Kassel geboren. Paul Julius Reuter, auf den die Nachrichtenagentur Reuter zurückgeht, stammt aus Kassel. Malwida von Meysenbug, Schriftstellerin und Freundin Wagners und Nietzsches, Verfasserin der ›Memoiren einer Idealistin‹, wurde in Kassel geboren. Die Maler-Familie der Tischbeins lebte und wirkte hier. Der schweizerische Astronom und Mathematiker Jobst Bürgi, Erfinder der Logarithmentafel noch vor Napier, hat einige Jahre in Kassel gewirkt. Ein Denkmal vorm Ottoneum erinnert an Denis Papin, der hier seine Versuche mit der Dampfkraft anstellte. Als Naturforscher war Georg Forster von 1778 bis 1784 Dozent am Collegium Carolinum; außerdem sind zu nennen: der Geschichtsschreiber Johannes von Müller, Robert Bunsen und Friedrich Wöhler, der während seiner Tätigkeit an der Höheren Gewerbeschule seinen ›Grundriß der anorganischen Chemie‹ veröffentlichte. Das Brüderpaar Murhard, namhafte Publizisten des 19. Jahrhunderts, stifteten ihren Besitz der Stadt: die Murhard-Bibliothek, heute mit der Landesbibliothek vereinigt. Zählt man sie zusammen, ist die Liste der Wissenschaftler und Künstler, die in Kassel gewirkt haben, beachtlich lang.

Eine Stadt verändert ihren Charakter

Moritz der Gelehrte hatte bereits 1599 das ›Collegium Mauritianum‹, eine Hochschule und Akademie, gegründet. Im Dreißigjährigen Krieg fand die Marburger Universität in Kassel Zuflucht. Landgraf Carl gründete 1709 das Collegium Carolinum. Friedrich II. richtete 1777 eine Kunstakademie ein. Alle diese gelehrten und musischen Schulen hatten ein wechselvolles, meist unglückliches Schicksal.

Ein immer dringlicher gewordener Wunsch geht spät in Erfüllung: Kassel, Sitz einer ›integrierten Gesamthochschule‹, groß projektiert mit bescheidenen Mitteln.

Im Bundesland Hessen gerät, was im Fürstentum nicht geraten war. Aus der ehemaligen Residenzstadt wird eine Universitätsstadt. Die Stadt verändert ihren Charakter; es ist zu wünschen, daß sie nicht ihre Eigenart verliert.

Eine Stadt, das ist immer die Summe ihrer Einwohner. Das Gebiet um Kassel gehört zum chattischen Kernland. Bei Großenritte, einem Vorort, entdeckte man die frühesten Funde aus dem Übergang von der Bronze- zur Hallstattzeit. Die Chatten zeichnen sich durch ihre Seßhaftigkeit aus. Nicht einmal zur Zeit der Völkerwanderung haben sie ihr Gebiet verlassen. Nach dem letzten großen Krieg zog der Flüchtlingsstrom an der verwüsteten Stadt vorbei. Die große Blutauffrischung fand nicht statt. Die Schwerfälligkeit, das langsame Reagieren des Menschenschlags mag daher rühren; vorsichtig, aber gutwillig. Ein wenig haben die Hugenotten das Blut- und das Stadtbild verändert. Vielleicht bringt der mittelmeerische Zustrom der Gastarbeiter Veränderungen, die man heute schon ahnt, wenn man schwarzhaarige, mandeläugige kleine Romanen mit den blonden, stämmigen Chattenkindern in den Straßen der Vorstädte spielen sieht. Noch aber sind die Kasselaner mittelgroß, mittelblond, mittelschlank, also mitteldeutsch. Aber sie leben nicht mehr in Mitteldeutschland! Die Stadt ist nicht mehr Schnittpunkt zwischen Ost und West, Nord und Süd. Eisenach und Erfurt sind nicht mehr ihre Nachbarstädte. Die schnellen Züge vermeiden den Kasseler Kopfbahnhof und fahren über Fulda-Bebra. Die Stadt scheint an Wichtigkeit verloren zu haben. Ihre Vorzüge sind noch nicht ins Bewußtsein gedrungen: der hohe Wohnwert, der Freizeitwert und ihr Bildungswert. Kritiker großer Zeitungen kommen zu den Erst- und Uraufführungen des Staatstheaters. Man ist auf der Bühne experimentierfreudiger als im Zuschauerraum, wie überall.

Nichts Angenehmeres, als unter einer demokratischen Regierung Nutznießer eines jahrhundertealten Absolutismus zu sein! Bürger einer ehemaligen Residenz, nicht Untertan einer Residenz.

In vierjährigem, olympischem Zeitmaß ist die Stadt festlicher, weltstädtischer Treffpunkt der Künstler, Kunstsammler und Kunstliebhaber. Dann findet für 100 Sommertage die ›documenta‹ statt, die einen repräsentativen Querschnitt durch das zeitgenössische Kunstschaffen geben will. Das Modische und Spektakuläre der neuesten Kunstrichtungen wirkt in dieser Stadt fremder und auffälliger als anderswo.

Städte haben Ehrgeiz. Auch Kassel: immer den Herkules vor Augen. Nicht nur die Fürsten planten maßlos. Die Vorhaben sind hier auch heute noch größer als die finanziellen Möglichkeiten, aber es sind demokratische Vorhaben. Man muß eine Stadt, ebenso wie einen einzelnen, nach ihren Vorhaben beurteilen, nicht nur nach dem, was sie bisher verwirklichen konnte.

(1972)

# Zweifel an meiner Identität

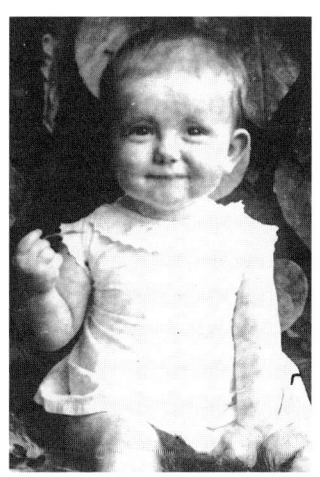 

*Christine Brückner im Taufkleidchen 1922 und siebzig Jahre danach.*

# Zweifel an meiner Identität

Auf meinem Geburtsschein steht glaubwürdig in der Handschrift meines Vaters, der die Kirchenbücher sorgfältig geführt hat, daß ich in Schmillinghausen/Kreis der Twiste in Waldeck, zugehörig zum Deutschen Reich, geboren wurde.

Fürst Friedrich von Waldeck hatte 1918 zwar seinen Thron und mit seinem Fürstentum auch die Selbständigkeit verloren, aber der Fürst residierte weiterhin in seinem Schloß in Arolsen. Waldeck war ein demokratischer Freistaat und ich somit eine gebürtige Waldeckerin. Am 1. April 1929 wurde Waldeck gegen seinen Willen, aber auf demokratischem Wege an Preußen angeschlossen und gehörte von nun an zum Regierungsbezirk Kassel.

Im wehrlosen Alter von sieben Jahren hatte ich zum ersten Mal meine Heimat verloren, zumindest auf dem Papier. Das nächste, was ich einbüßte, war der ›Kreis der Twiste‹; das gleichnamige Bächlein floß zwar weiterhin durch sein Tal, aber die drei waldeckischen Kreise wurden zu einem einzigen zusammengeschlossen, womit sich die Angaben zu meiner Person vereinfachten; nun also geboren: Schmillinghausen, Kreis Waldeck.

Von dieser Änderung erfuhr ich durch eine Zeitungsmeldung, denn mittlerweile war ich zwar noch eine gebürtige Waldeckerin, aber ich lebte nicht mehr dort. Als es mit Preußen ein Ende hatte und die Länder nach dem verlorenen Zweiten Weltkrieg neu aufgeteilt wurden, schlug man Waldeck zu Hessen. Wie bei allen Fusionen zwischen groß und klein verschwand Waldeck aus dem allgemeinen Bewußtsein, obwohl im Schloß zu Arolsen immer noch Prinzen zu Waldeck residierten, zumindest lebten. Mein Dorf war nun ein nordhessisches Dorf. Und im Zug der größeren geschichtlichen Ereignisse war aus dem ›Deutschen Reich‹ die ›Bundesrepublik Deutschland‹ geworden.

Inzwischen gibt es ›mein Dorf‹ überhaupt nicht mehr. Es wurde im Rahmen der Gebietsreform zum ›Stadtteil‹ der sechs Kilometer entfernten ehemaligen Residenzstadt Arolsen erklärt. Noch taucht der Name, klein geschrieben, auf den Schildern am Ortseingang auf, noch steht er auf alten Landkarten, aber auf den neuen Autokarten fehlt er bereits, eine eigene Postleitzahl besitzt mein Dorf nicht.

Im weiteren Verlauf der Gebietsreform wurde schließlich durch einen einfachen Verwaltungsakt der Landkreis Waldeck mit dem Landkreis Frankenberg zusammengelegt. Kein Autokennzeichen mit der Chiffre ›WA‹ läßt mich noch freudig »Ah – ein Waldecker!« ausrufen. Neuerdings liest man den Namen gelegentlich wieder in den Zeitungen, wenn von einer nordhessischen WAA berichtet wird, die wenige Kilometer von meinem Dorf entfernt, jenseits des Hellenberges, gebaut werden soll, eine Wiederaufbereitungsanlage für atomare Brennstoffe.

Von den sieben Taufnamen, die ich meinen sieben Paten verdanke, ging mir durch Unachtsamkeit eines Standesbeamten der schöne Name Gertrud verloren. Von den verbliebenen sechs Namen benutze ich den letzten, den ich allerdings eigenmächtig abgeändert habe. Den

Familiennamen habe ich durch Heirat zum zweiten Mal verloren, aber auch diesen neuen und schönen Namen benutze ich selten.

Beim Lesen meiner Geburtsurkunde kommen mir Zweifel an meiner Identität. An den Daten hat sich – habe ich – nichts geändert.

(. . .)

Meinen Eltern wurden noch spät zwei Töchter geboren – ich wähle bewußt diesen altmodischen Ausdruck –, die jüngere war ich. Wir wuchsen als etwas Besonderes heran: Pfarrerstöchter. Die Frage, ob die Eltern sich über die Geburt eines Sohnes mehr gefreut hätten, wurde nie gestellt. Als wir, meine Schwester und ich, in der nahe gelegenen Residenzstadt Arolsen das Gymnasium besuchten, waren die Mädchen – weil gering an Zahl – etwas Besonderes. Meine Mutter war in erster Linie Pfarrfrau, in zweiter und dritter erst Mutter und Hausfrau. Ihre Stellung im Dorf war nicht weniger angesehen als die des Vaters. Er auf der Kanzel, vorm Altar, am Taufstein oder am Grab; sie an den Wochenbetten, den Krankenbetten, den Sterbebetten. Man sprach im Dorf nicht ohne Scheu von ›dem Herrn Pastor‹, nie ohne Ehrfurcht, er lebte in einer angestrebten Schonzone; zu meiner Mutter trug man die täglichen Sorgen. Sie versuchte, das zu leben und vorzuleben, was er predigte. Zusammen ergab das ein Lebenswerk, das über den Tod hinaus gewirkt hat.

Zunächst wollte ich Missionarsfrau werden: nicht Missionar. Von Albert Schweitzer hatte ich gewiß noch nie gehört, aber an eine Verbindung von leiblicher und geistlicher Sorge werde ich wohl gedacht haben. Es kamen oft Missionare zu uns ins Pfarrhaus, ich sah Lichtbilder von Somaliland, Borneo, Neuguinea! Ich wäre wohl auch gern eine Pfarrfrau geworden; den Wunsch, Theologie zu studieren, habe ich nie verspürt.

Bis zu meinem 13. Lebensjahr, dem Jahr, in dem wir in die Stadt zogen, habe ich das nicht gekannt, was ich einmal ›Unterschiede‹ nennen will. Ich wußte nicht, daß es arme und reiche Leute gibt. Ich habe keine Klassenunterschiede gekannt. Mein Vater ging lieber in die Häuser der Armen als in die der Reichen; lieber zu den ›Kuh-Bauern‹, den Stellmachern und Waldarbeitern als zu den ›Pferde-Bauern‹ auf die großen Bauernhöfe. Ich habe ebensowenig wahrgenommen, daß ein Bauer wichtiger wäre als eine Bäuerin.

In den handgeschriebenen Lebenserinnerungen meines Vaters, die ich vor kurzem noch einmal gelesen habe, steht gegen Ende, daß er den Wunsch hege, es möge sich ein Mann finden, der die jüngste Tochter zum Altar führe. Kein anderer Wunsch für die damals Sechzehnjährige. Einige Seiten vorher äußert er seine Überraschung darüber, daß diese Tochter ein Theaterstück geschrieben hatte, das in der Schule aufgeführt worden war. Für einen Sohn hätte er andere Wünsche geäußert. Aber ich vermute, daß er der Ansicht war, erst Mann und Frau zusammen ergäben ein lebensfähiges Ganzes. Er selbst war ohne persönlichen Ehrgeiz. Er liebte und achtete seine Frau ein Leben lang. Ein Kampf um Vorherrschaft fand nicht statt.

Die übliche Einteilung in ›reich und arm‹, ›oben und unten‹, ›männlich und weiblich‹, ›rechts und links‹ erkenne ich nicht als Wertung an. Diese Unterschiede werden null und nichtig vor dem, was Männer und Frauen betrifft: Geburt, Krankheit, Krieg, Alter und Tod.

(1981)

# ›Unsere‹ Stadt

*Christine Brückner mit ihrem Mann, dem Schriftsteller Otto Heinrich Kühner, vor der Orangerie in der Karlsaue im Jahr 1995.*

# Ab nach Kassel? – Vorbei an Kassel?

Schnelle Autofahrer lassen Kassel links und rechts der A 7 liegen. Werden das in Zukunft auch die schnellen Bahnreisenden tun? Muß ich, die sich für Kassel als ständigen Wohnsitz entschieden hat, nun ausrufen: »Aussteigen! Bitte, steigen Sie doch aus! Fahren Sie doch nicht an Kassel vorbei! Hinter den schallschluckenden Wänden verbirgt sich eine sehenswerte Stadt!«?

Viel Zeit zum Überlegen ist nicht, allenfalls zwei Minuten, früher hatte man doch mindestens acht Minuten Aufenthalt in Kassel. Das Wort Sackbahnhof habe ich nie benutzt, es klingt nach Ausweglosigkeit, aber: ein Kopfbahnhof! Der Kopf wollte immer zurück nach Kassel. Dabei habe ich oft gemurrt, wenn ich in Bebra oder Göttingen umsteigen mußte, um einen IC-Zug zu erreichen. Gehöre ich etwa zu jenen Menschen, die entbehren, was sie nicht (mehr) haben, anstatt zu genießen, was sie haben (werden)? Ein Fernbahnhof! ICE-Züge, was man aber nicht wie ›Eis‹ aussprechen darf. Geschwindigkeit ist keine Hexerei, aber was ist mit Höchstgeschwindigkeiten? Durch die Rhön von Tunnel zu Tunnel, und schon ist man in Würzburg, die Mainlinie hat man gar nicht wahrnehmen können. Und fortan im ICE nach Frankfurt und drüber hinaus.

Erblickt man den Herkules auf den Höhen des Ha-

*ICE-Bahnhof Kassel-Wilhelmshöhe.*

bichtswaldes, ist es zu spät, man muß bereits auf die
Durchsage »In wenigen Minuten erreichen wir Kassel«
(oder Kassel-Wilhelmshöhe?) reagieren.

Wird aus der Wilhelmshöher Allee eine Bahnhof-
straße? Sechs Kilometer ist sie lang, der deutsche Kaiser
fuhr hier sechsspännig; seither hat man sie verbreitert
und wieder verengt, hat Mittelstreifen angelegt, Bäume
gefällt und Bäume gepflanzt, und nun hat man ihr am
neuen Bahnhof einen Appendix verpaßt. Die Vorhalle!
Auf vielen Säulen ruht ihr Dach, Licht und Luft fluten
hindurch, die Bevölkerung wird sich daran gewöhnen,
man reagiert hier auf Neuerungen langsam. Niemand
hat mich bisher gefragt, darum schreibe ich jetzt: Ich
finde diesen Bahnhofsvorplatz schön, seine Brauchbar-
keit wird sich erweisen. Der Ankommende hat Platz für
große Entscheidungen. Wenn er klug ist, setzt er sich in
die Straßenbahn; in unserer Stadt hat man nicht voreilig
die Straßenbahnlinien durch Buslinien ersetzt.

Die Linie 1! Neuerdings von Niederflurwagen befahren; wem diese Bezeichnung zu verdanken ist, möchte ich gar nicht erfahren. Nach rechts zur Stadt hin? Oder nach links zum Bergpark Wilhelmshöhe? Man wird ihn ins Verzeichnis der 100 Weltkunstwerke aufnehmen! Das Schloß, angefüllt mit Kunstwerken von der klassischen Antike bis zum 18. Jahrhundert, und gleich daneben, rosafarben, das Ballhaus, in dem leider nicht getanzt wird; aus allen historischen Bauwerken, die erhalten geblieben sind, viele sind es nicht, machen wir Museen. Das Gewächshaus erlaubt mitten im Winter leichtsinnige Ausflüge in den Frühling. Und wenn dann der Rhododendron im Park blüht! Wenn die Blätter der alten Ginkgo-Bäume sich färben! Über allem der Herkules, unser Halbgott. Kaskaden, Aquädukte, steinerne Wasserfälle. Was für Bauwerke.

Im Auftrag eines ehrgeizigen Landgrafen von einem italienischen Architekten, der mit hessischem Basalttuff nicht vertraut war, erbaut: Bauwerke, an denen seit Jahrhunderten gebaut wird. Wem die kostenlosen Wasserspiele nicht genügen, der mag die Kurhessen-Thermen aufsuchen. Gleich nebenan das Studio Kassel des Hessischen Rundfunks, das Straßenbahndepot, das Atelier meines Maler-Poeten Kühner; Hotels unterschiedlicher Güte, eines direkt am Fernbahnhof, ein Ersatzbett schwebt in luftiger Höhe, gibt einen ersten Hinweis: die Stadt der ›documenta‹.

Hat der Besucher sich aber entschieden, nach rechts zu fahren, dann fährt er mitten durch die Stadt bis an ihr anderes Ende, alles mit der Linie 1. Aufgereiht: Schulen, Krankenhäuser, Museen, Bibliotheken. Das Rathaus! Kaufhäuser für Arme und für Reiche, ein rascher Blick auf den schönsten Bau, das Fridericianum, Kopf- und Herzstück der ›documenta‹ und in den Jahren dazwischen Schauplatz interessanter Ausstellungen. Das eine oder andere Denkmal: Landgraf Friedrich in barocker Pracht, entsprechend schlichter Louis Spohr. Der Aschrottbrunnen! Der Erdkilometer, neuerdings verbergen wir unsere Denkmäler in der Erde. Inzwischen befinden wir uns mitten in der Fußgängerzone, es geht von Baugrube zu Baukran. Aber dann: die Universität, ziegelrot und postmodern, die alte Henschelei, als Gesamthochschule gegründet, inzwischen zur Universität graduiert. Der Hauptfriedhof! Und dann, nach halbstündiger Fahrt, macht die Linie kehrt, und unser Besucher mag sich das nun ansehen, was er auf der Hinfahrt übersehen hat. Das Staatstheater am Eingang zu Karlsaue, fünfziger Jahre, unverkennbar. Die Brüder Grimm am Brüder-Grimm-Platz, ein wenig klein geraten, aber man hat hierorts die wahre Größe erst spät erkannt. Die Bundesbehörden! Bundesarbeitsgericht, Bundessozialgericht, in sauberem Neoklassizismus des ›Dritten Reichs‹ erbaut. Ich habe dort, als es noch ein Generalkommando war, drei Jahre Kriegseinsatz geleistet (ich erbitte mir eine kleine Tafel für diese kostbaren Jahre, die ich dort nutzlos vertan habe). Bratwurstduft und der Duft von Reibekuchen, aber doch auch der Duft der blühenden Linden, mitten in der Stadt. Die Banken hätte ich erwähnen sollen, überm Baulärm habe ich einiges nicht beachtet, aber bis zur nächsten ›documenta‹ soll das alles fertig und wunderschön sein. Die Autos werden ihren Platz in Tiefgaragen finden, die Kunstwerke in einer neuen ›documenta‹-Halle, und der Königsplatz, ach ja: der Königsplatz, da machen wir uns noch Sorgen. Im nächsten Jahr, spätestens dann, sollten Sie den Ausruf: »In wenigen Minuten erreichen wir Kassel« beachten und befolgen.

(1991)

58

# Ständiger Wohnsitz Kassel

In Kassel lebt man, weil man hier geboren oder hierher versetzt wurde, an eine der Bundes- oder Landesbehörden oder zur Bundeswehr, weil man ans Staatstheater engagiert wurde oder an der Gesamthochschule zu lernen oder zu lehren hat. Aber wer wie ich freiwillig nach Kassel gezogen ist, der muß das begründen. München, das hätte man verstanden; die Insel Ischia hätte jeden überzeugt, sogar ein waldeckisches Dorf, schließlich stamme ich vom Lande. Aber ausgerechnet Kassel! Ich zähle viele Gründe auf, aber die Summe des Aufgezählten scheint nie so recht zu überzeugen, allenfalls im ›documenta‹-Jahr; dann gerät Kassel in den Blickpunkt der Weltöffentlichkeit, dann erinnern sich alle Freunde, sogar die aus Übersee, an uns, rufen an, fallen nach fünfstündigem Ausstellungsbesuch erschöpft oder verärgert, niedergeschlagen oder begeistert in die Sessel, blicken sich um, horchen, sagen: Ruhig habt ihr's hier! Nah bei der Stadt wohnt ihr auch! Die Umgebung ist eigentlich auch hübsch. Viel Wald! Ihr wandert doch so gern! Ein Lob noch für die Museen, den Herkules: im Grunde ein Monstrum, aber doch eine grandiose Apotheose aus Natur und Kunst!

Das Wort ›Rückkehr‹ habe ich nie gelten lassen. Das Haus, das meine Eltern sich in Kassel gebaut hatten, wurde wenig später total zerstört; die Schule, die ich einige Jahre besucht hatte: zerstört; das Theater: zerstört; die Freunde gefallen oder bei Luftangriffen getötet. Jenes Generalkommando des ›Dritten Reiches‹, in dem ich Kriegsdienst tat, steht unverändert als Bundesarbeitsgericht der Bundesrepublik Deutschland, ist aber als Beweismittel ungeeignet. Ich wünsche nicht erinnert zu werden, die Stadt ist eine andere geworden, ich selbst bin eine andere geworden. Hier gab es keine Fäden mehr, die ich nach zwanzigjähriger Abwesenheit wieder hätte aufnehmen können, hier war alles zerstört, Häuser und Erinnerungen.

Als erstes nahm ich Fahrstunden, um mich neu zurechtzufinden. Aber der Fahrlehrer sagte nicht: Fahren Sie nach Wilhelmshöhe oder: Fahren Sie an die Fulda, sondern kommandierte: Links einbiegen! Rechts einbiegen! Gab kurze Befehle. Anhalten am Berg! Daran war ich nicht gewöhnt; ich lernte auf diese Weise weder die Stadt kennen noch Auto fahren. Also kein Automobil, statt dessen sehr bald eine ›Immobilie‹, in der Gartenstadt Auefeld gelegen, als moderne, raumsparende Wohnsiedlung im Grünen noch immer gerühmt. Ein Häuschen, ein Gärtchen, nur in der Verkleinerungsform kann man darüber sprechen. Aber: ein fester Wohnsitz, eine Eintragung im Grundbuchamt, Grundsteuer und Kanalgebühr, ein Briefkopf mit ständiger Anschrift, ein gewerblicher Betrieb nach Ansicht der Stadtwerke.

Seit zehn Jahren unterhalten wir hier eine Schriftstellerei, eine Autorengemeinschaft, ich habe meinen Mann, einen Alemannen, aus Stuttgart kommend, hier eingemeindet.

Seither erst recht die besorgte Frage: Wie lebt es sich denn in Kassel? Wie schreibt es sich dort?

Wer schreibt, muß seßhaft sein! Kafka meinte, daß das Dasein des Schriftstellers wirklich vom Schreibtisch abhängig ist, daß er sich niemals entfernen dürfe, sich mit den Zähnen festhalten müsse . . .

Mein Blick geht durchs Fenster auf diese 200 Quadratmeter Hessen, eher ein grünes Zimmer als ein Garten, Rosen und Birnbaum. Morgens, mittags, abends das Geläut der Kirchenglocken als Zeitmaß, vertraut seit Kindertagen, ich bin in einem Pfarrhaus aufgewachsen. Kein Verkehrslärm, aber spielende, schreiende Kinder, Hunde. Ich schließe das Fenster, senke den Blick aufs Papier, begebe mich nach Pommern oder nach Ischia, lebe mehr dort als hier, betrüge meine Stadt mit den Schauplätzen meiner Romane, dort kenne ich mich besser aus; noch immer unbekannte Wohnviertel, nie gehörte Straßennamen in der Stadt, in der ich lebe.

Wir befinden uns im Abseits, aber hin und wieder erinnert sich jemand an uns. Es fragt die Goethe-Gesellschaft an oder ein Buchhändler: »Wollen Sie nicht einmal wieder bei uns lesen?« Unter den Zuhörern befinden sich dann auch der Kulturdezernent und der Oberbürgermeister. Und in der ›Hessischen Allgemeinen‹ wird ausdrücklich erwähnt, daß das neue Buch von O. H. Kühner oder Christine Brückner in Kassel geschrieben wurde. Kunstpreise hat die Stadt nicht zu vergeben, keine Aufträge, mit Stipendien ist nicht zu rechnen; keine Förderung, aber auch keine Behinderung, eher freundliches Interesse. Zu den Bellevue-Gesprächen, zu denen der Oberbürgermeister einmal im Monat einlädt, werden die beiden Schriftsteller mit eingeladen. Immer, wenn es um Kultur geht, lädt man sie ein, zur Dekoration vermutlich, zur Legitimation. Daß man vor 30 Jahren einer Ricarda Huch auf ihr Wohnungsgesuch den

*Straßenbahntunnel vor dem Hauptbahnhof in den siebziger Jahren.*

Bescheid »hierorts unbekannt« erteilte, kommt den heute hier lebenden Künstlern zugute.

Kassel ist eine autofreundliche Stadt. Die Parkplätze reichen in der Regel aus, ein paar große Straßentangenten ordnen den Verkehr zur Zufriedenheit. Das große Projekt, Kassel an die Nord-Süd-Durchgangsstrecke der Bundesbahn anzuschließen, geht langsam voran: das soll mir recht sein. Für mich ist Kassel kein Durchgangsbahnhof; hier enden die Reisen, hier beginnen die Reisen. Auch in Kassel besteht die Neigung, die Fußgänger wie die Maulwürfe unter die Erde zu schicken, freie Bahn dem Kraftfahrzeug! Aber es gerät nicht, die Tunnel mit Blumenläden, Boutiquen und Cafés zu beleben; wir wollen an die frische Luft, wir leben nicht gern unter Tage. Die nahe und die weitere Umgebung der Stadt ist dagegen menschenfreundlich. Staatliche Parks und städtische Grünanlagen, mehr als anderwärts. Die Stadt frißt sich zwar auch hier ins Grüne hinein, aber die Natur bringt es in Form von Alleen und Rasenflächen auch wieder zurück. Ein Blick vom Herkules hinunter auf die Stadt zeigt, daß der Kampf zwischen Natur und Zivilisation noch unentschieden steht.

Nach allen Himmelsrichtungen hin liegt Kassel in der Mitte, auf halber Strecke. Das hat seine Vorzüge. Ein halber Tag, und wir sind an der Nordsee, ein halber Tag bis zu den Alpen, in zwei Autostunden in Düsseldorf, die doppelte Zeit bis Berlin; allerdings: kaum 45 Kilometer zur DDR, von uns noch immer ›Zonengrenze‹ genannt, eine der heißen Grenzen der Welt.

Wer aus dem Süden kommt und in den Norden will oder umgekehrt, macht bei uns Station; von der Autobahnausfahrt her erreicht man uns in einer Viertelstunde, gerade so viel Zeit, wie man braucht, um den Teetisch zu decken. »Besuchen Sie uns doch als mal in Kassel«, schrieb Jacob Grimm unter einen Brief.

Wir zitieren das oft, lachen über das hessische ›als‹ und erteilen kurze Einweisung in die Kasseler Mundart, deren Eigenheit am Anhängen eines ›e‹ besteht. Statt Bahn sagt man ›Bahne‹, statt bald ›bahle‹, statt alt ›ahle‹.

Mein Ohr hat sich noch nicht daran gewöhnt, aber das Auge kann die kleinen Mundartgeschichten lesen, die manchmal in der Tageszeitung stehen.

Die Bevölkerung? Es handelt sich da weitgehend um Chatten, den einzig wirklich seßhaften Volksstamm; nicht einmal die Völkerwanderung haben sie mitgemacht. Nicht blond und nicht dunkel, nicht groß und nicht klein, statt dessen mittelgroß und mittelblond und mitteldeutsch; rundköpfig, ein wenig stämmig, im ganzen gutwillig. Jacob Grimm sagt den Hessen – und er wird an seine Kasseler Mitbürger gedacht haben – einen »Mangel an Zierlichkeit und Bequemlichkeit« nach, aber er lobt doch auch den »gewissen Ernst einer gesunden, tüchtigen, tapferen Gesinnung, einer Strenge und Dürftigkeit der Lebensweise...« Und Goethe – natürlich gehört auch er zu den renommierten Besuchern Kassels – schrieb an seine Frau Christiane: »...in Cassel kannst Du Dir ein Hütchen kaufen und ein Kleid, sie haben die neuesten Waren dort so gut als anderswo.« Aber kann Christiane geborene Vulpius als modisches Vorbild dienen?

Man versucht, die Innenstadt zu beleben, aber das hält schwer, dies ist kein lebhafter Menschenschlag. Ich kam als Düsseldorferin nach Kassel. Das Lächeln einer Fußgängerin bringt hier keinen Autofahrer zum Anhalten, dagegen ist er immun; er hält sich an sein Recht, er gilt als ein wenig stur, verläßt sich auf die Kraft seines Motors und seiner Bremsen und auch auf die Angst der Fußgängerin.

Ein Katalog der Vorzüge dieser Stadt müßte auch enthalten, was hier fehlt; was, fehlend, zu meinem Wohlbefinden beiträgt. Wegen der Grenznähe gibt es keine Starfighter! Nur selten und nur in großer Höhe einmal ein Düsenflugzeug. Ruhe am Himmel. Manchmal ziehen Segelflugzeuge lautlos über uns hin. Es fehlt hier an Ablenkungen! Ein Drei-Sterne-Restaurant besitzen wir nicht. Entweder kocht man hier so gut, daß man gern zu Hause ißt, oder die hessischen Zungen sind genügsam. ›Ahle Wurscht‹ gehört zu unseren Spezialitäten, luftgetrocknet, zu trockenem Brot. Im Frühling essen wir gern ›Grüne Soße‹ aus dickem saurem Rahm mit elferlei

Kräutern und hartgekochten, kleingehackten Eiern darin. Oder Schmandheringe, Speckkuchen, Weckewerk und Pellkartoffeln. Deftig, kräftig und billig dazu. Wenn wir schon einmal ausgehen, dann essen wir griechisch oder serbisch, italienisch oder chinesisch. Der Sinn fürs Exotische geht uns keineswegs ab. So ein richtiges Renommierhotel besitzen wir ebenfalls nicht. Soweit ich weiß, war Kassel keine berühmte Schlaf-Stadt. An keinem Haus steht, daß hier Goethe oder Napoleon oder Bismarck, die großen Schläfer Europas, in der Nacht vom Soundsovielten geschlafen hätten. Allerdings Jérôme! Er hat sieben Jahre lang von Kassel aus das Königreich Westphalen regiert und ein wenig französischen Geist und französische Lebensart in die Stadt gebracht. Er benutzte das Jagdschloß ›Augustenruh‹ als Lustschloß, dort gingen die Arnims und Brentanos und Grimms ein und aus, dort – im heutigen Schlößchen Schönfeld – quartieren wir unsere Gäste ein oder feiern unsere Feste.

Das Klima ist selten zu heiß, selten zu kalt. Die Wetterfühligen klagen, daß wir alle Randausläufer der atlantischen Hochs und Tiefs abbekommen, die das Wetter unbeständig machen. Die Landschaft ist hessisch-harmlos. Begeisterte Ausrufe werden nicht erwartet, die Steigungen reichen für ein leichtes Herztraining aus; das Auge freut sich an hübschen Ausblicken auf kuppiges, vulkanisches Gelände. Wintersport, Wassersport. Der Golfplatz im Habichtswald kann sich sehen lassen. Eine Viertelstunde mit Bus oder Straßenbahn, dann stehen wir am Waldrand, 200 Meter über der Stadt, wo die Luft frischer weht als in den Niederungen des Flusses, über denen oft Dunst und Nebel liegen. Wenn der Wunsch zum Wandern rasch und bequem in die Tat umgesetzt werden soll, nehmen wir ein Taxi; selten geben wir mehr als acht Mark dafür aus und sparen die Anschaffung eines Mittelklassewagens.

Bibliotheken sind nah, die Buchhändler gutwillig, das Telefon verbindet uns mit der Welt, das Bankkonto ermöglicht Reisepläne, wenn wir kulturelle Anregungen oder neue Schauplätze brauchen. Der Blick auf die Kinoprogramme entmutigt zumeist; vor zehn Jahren haben wir die wenigen Versuche, ein Nachtleben ausfindig zu machen, eingestellt.

Am Rande der Stadt liegt die Gesamthochschule, absichtsvoll ›integriert‹ genannt, aber vorerst mit der Stadt nicht integriert. Im Herbst finden alljährlich die Kasseler Musiktage statt, Festtage für alle Freunde Alter und Neuer Musik. Eine Stadt mit Musiktradition und somit einem Musikpublikum. Das Angebot an Konzerten ist groß, ebenso die Nachfrage. An warmen Sommerabenden finden Serenaden im Hof der Löwenburg statt. Beim Zissel, dem Volksfest im August, sitzen wir am Ufer der Fulda unter alten Kastanienbäumen an langen Holztischen, der dunkle Fluß zieht vorüber, belebt von geschmückten und beleuchteten Booten; Musik und Karussells, wir tanzen im Freien, des Volkes wahrer Himmel, Herkules-Bier und Currywurst, Hessisches mischt sich mit Anatolischem.

Kassel ist weder als Geburts- noch als Sterbeort großer Künstler und Wissenschaftler berühmt. In deren Leben war Kassel selten mehr als eine Zwischenstation oder ein Sprungbrett. Sie hatten es schwer hier, auch die Brüder Grimm hat man nicht zu halten versucht, als sie einen Ruf nach Göttingen erhielten. Heinrich Schütz, Louis Spohr, Gustav Mahler – keiner ist hier geblieben. Vielleicht schätzt man hier Eigenart und Genialität nicht so sehr? Dynamischen Naturen wird es leicht ein wenig eng. Wenn sie dann tot sind, die Großen, benennt man Schulen und Plätze nach ihnen, gründet Museen für die Grimms und Gesellschaften für Spohr und Schütz, ein Denkmal für Denis Papin . . .

Aber die Stadtverwaltung erträgt die Einfälle eines Arnold Bode seit Jahrzehnten! Und Arnold Bode erträgt ebenso lange diese Stadt! Der eine übers Ziel hinausschießend, die anderen ihn daran hindernd. Auf der Reibungsfläche entsteht alle vier, fünf Jahre die ›documenta‹, von den meisten Einwohnern der Stadt wenig beachtet.

Wo es an Anregungen fehlt, ist man gezwungen, sie selbst herzustellen. In dieser Stadt braucht man Freunde und Bekannte! Unter 205 000 Einwohnern hat man die Wahl, das muß genügen. Man ist Hersteller, nicht nur Verbraucher: literarische Zirkel, Hausmusikkreise, Picknicks und Gartenfeste. Man trifft sich bei den ›Meisterkonzerten‹ in der Stadthalle, bei den Vernissagen des Kunstvereins oder der Galeristen, bei den literarischen Veranstaltungen der Goethe-Gesellschaft. Wir haben ein Premierenpublikum, bürgerlich, mit ein wenig Jeanslook. Das Kommen und Gehen der Intendanten des Staatstheaters wird in größerer Ruhe hingenommen, seit es sich im Vierjahresrhythmus wiederholt. Man lebt hier in der Provinz, aber man möchte nicht provinziell genannt werden. Buht das Publikum bei skandalösen Szenen auf der Bühne, mokiert sich die auswärtige Presse; buht es nicht, mokiert sie sich ebenfalls. Seit Handke damit angefangen hat, gibt es fast soviel Publikumsschelte wie Regisseur- und Intendantenschelte.

Mit höherem Lebensalter wächst das Wohlgefallen an

Parks, an geordneter Natur; man möchte nachdenklich-genießend über Parkwege mehr schlendern als gehen. Man liebt die geraden Alleen, hat mehr Rilkesches in sich, als man ahnte. Einfälle kommen aus dem Chaos, mag sein, aber sie müssen in Ordnung gebracht werden, das tun sie leichter in geordneter Umgebung. Seit Jahren trägt die Karlsaue ein besitzanzeigendes Fürwort: ›unser Park‹. Täglich Neues im Altbekannten. Die Schwäne stellen die Flügel hoch, Imponiergehabe: Frühling! Die ersten Enten sind ausgeschlüpft! Der Blitz hat die Eiche getroffen!

An Sommerabenden durchqueren wir unseren Park, gehen zur Fulda, leihen ein Ruder- oder Paddelboot aus und lassen uns auf dem Fluß dahintreiben, steuern eilig zur Seite, wenn sich unter lauten Kommandos ein Achter oder Vierer nähert, kommen an Bootshäusern und Kühen, dem Schwimmstadion und dem Campingplatz vorbei. Der Duft von gegrillten Würstchen zieht übers Wasser. Wir biegen in einen der Baggerseen ein, baden vom Boot aus. Die Stadt hat große Dinge mit diesem Gelände vor, das bisher ein wenig vernachlässigt worden ist, ein Zwischenreich: diesseits des Flusses die Kulturlandschaft, jenseits Industrielandschaft, gemischt mit Landwirtschaft. Alle 25 Jahre leistet sich die Stadt eine Bundesgartenschau, an deren Errungenschaften die Bürger dann lange zahlen, aber auch lange zehren. Eine Wasserlandschaft für Sport und Spiel ist geplant, eine ›Kasseler Seenplatte‹. Die Radfahrer und Langstreckenläufer, die jetzt nach Dienstschluß über die Parkwege fahren und keuchen, werden dann hoffentlich in das Gelände des 20. Jahrhunderts wechseln, wo man sich fit macht, wo man sich trimmt, und uns den Park des 18. Jahrhunderts überlassen, der zum Genießen eingerichtet wurde.

Es ist sehr angenehm, unter einer demokratischen Regierung Nutznießer eines jahrhundertelangen Absolutismus zu sein, Bürger einer ehemaligen Residenz und nicht Untertan eines Landgrafen oder Kurfürsten. Schloß Wilhelmshöhe, Schloß Wilhelmstal, Schloß Schönfeld, Löwenburg; Bergpark Wilhelmshöhe, Karlsaue, Park Schönfeld – wir sind reich an Schlössern und Parks. Höfisches verbindet sich mit Ländlichem.

Vorm Marstallgebäude sitzen an Sommertagen die Bäuerinnen aus den umliegenden Dörfern und verkaufen duftende Waldhimbeeren und Gartengemüse. Im Herbst bringen die Bauern ihren Kunden die Winterkartoffeln zum Einkellern. Wir haben einen ›Eier-Mann‹, dessen Frau uns Streuselkuchen und Rhabarberkuchen mit Schmand backt.

Habe ich Wurzeln geschlagen in dieser Stadt? frage ich mich. Ich bin kein Baum. Ich könnte diese Stadt verlassen, aber ich will es nicht. Wir sind schon einmal über den Wehlheider Friedhof gegangen, ein Spaziergang, nichts weiter, aber wir überlegen nun doch: Möchten wir hier begraben sein?

(1977)

# Das neue Kassel ist unvergleichlich

Im Juni 1960 zog ich nach Kassel. Ich bin nicht in meine Vaterstadt zurückgekehrt. Ich bestreite das. Ich erkannte nichts wieder und wollte nichts wiedererkennen. Dabei gab es Anzeichen. Im Park Wilhelmshöhe sind die Anfangsbuchstaben meines Mädchennamens in die steinerne Wand eines Pavillons geritzt, zusammen mit zwei anderen Buchstaben. Mein Name an den eines Toten gebunden.

Mit dem 22. Oktober 1943 war endgültig und gewaltsam meine Kindheit zu Ende. Das Elternhaus bis auf die Mauern ausgebrannt; der Vater tot, die Mutter krank und ohne Obdach und Habe; die Schule, in der ich ein halbes Jahr später hätte Abitur machen sollen: bis auf die Grundmauern zerstört; die liebste Freundin verbrannt, mit Eltern, Großeltern, Hund – nichts, was man noch hätte begraben können.

Das war das Ende. Das war der Abschied. Da war alles in Flammen aufgegangen. Nach solch einer Nacht geht man fort und dreht sich nicht um.

Ich weigerte mich, das alte Kassel wiederzufinden, in dem ich schon einmal neun Jahre lang gewohnt hatte. In meiner Erinnerung waren nichts als Trümmer und Tote. Das Vergessen war leichtgemacht. Die Straßen trugen neue Namen; es war nicht schwer zu lernen, daß jene

Straße die Friedrich-Ebert-Straße war, daß der Platz, an dem einmal das Oberlyzeum stand, wer weiß denn noch wo, der Scheidemannplatz ist. Die paar restaurierten Erinnerungsstücke genügten: Druselturm, Zwehrener Turm, Ottoneum. Die roten, klassizistischen Säulen vom alten Porticus des ›Roten Palais‹ an der Fassade eines Kaufhauses: ich war's zufrieden.

Dann und wann sah ich jemanden, den ich einmal kannte. Für Sekunden tauchte das alte junge Gesicht vor mir auf. Olympiarolle, Nackenknoten, schwarzes Käppi; eine Uniform, HJ oder BDM, braun oder feldgrau. Wozu? Das ist vergessen. Ich gehe vorüber. Ich gehe unter der Tarnkappe von zwanzig vergangenen Jahren, im Schutz eines neuen Namens. Manchmal bleibt jemand stehen, nennt den alten Namen. Leugnen hilft nicht. Sagt er: »Sie haben sich gar nicht verändert«, dann werde ich blaß, sage »oh« und gehe weiter, wie jener Herr Keuner bei Bert Brecht. Ich habe mich verändert. Die Stadt hat sich verändert.

Das Haus der Eltern ist wieder aufgebaut, ein Trugschluß. Manchmal gehe ich vorüber, unternehme Kontrollgänge. Lange stand noch die Birke vorm Haus und der Mandelbaum, den meine Mutter gepflanzt hat. Jeder kann Bäume schlagen, auch wenn er sie nicht gepflanzt hat. ›Mein‹ ist das alles nicht mehr. Mein Elternhaus, meine Straße, meine Schule, mein – in jener Nacht sind alle meine Possessiva verbrannt.

Ich sah das Neue. Wer geblieben ist, wer bald nach der Katastrophe zurückkehrte, sah das Zerstörte, das Alte, stellte Vergleiche an. Die Stadt, die ich vorfand, war bereits unvergleichlich . . .

Wo die Erinnerung die Vergangenheit vergoldet hatte, was sie so gern tut, zeigte sich beim zweiten, kritischen Blick, daß es sich nicht um Gold, sondern um Dublee

handelte. Das sehe ich vor mir: mein Vater, der Superin-
tendent, vorzeitig pensioniert, wie er im Restaurant
›Herkules‹ mit erhobenem rechtem Arm dasteht, die Lip-
pen zusammengepreßt. Eine Sondermeldung aus dem
Lautsprecher. Statt unsere Suppe zu essen, standen wir
auf, erhoben den rechten Arm zum Deutschen Gruß und
sangen das Horst-Wessel-Lied. Erinnerungen, die sich in
20 und 30 Jahren nicht vergolden lassen. In meinem
Klassenzimmer hing ein Spruch an der Wand: »Wer leben will, der kämpfe also, und wer nicht streiten will in
dieser Welt des ewigen Ringens, verdient das Leben
nicht.« Das klingt nach Nietzsche und ist von Adolf Hitler. Eine Schule, in der eine alte Oberstudienrätin, Lehr-
fach Geschichte, blauäugig und ergriffen noch im Jahr
1943 von »unserem herrlichen Führer« sprach.

Wenn es Zeugnisse gegeben hatte, im Herbst und zu
Ostern, war Messe in Kassel, dann gingen wir auf den
Friedrichsplatz, wo damals die Verkaufsbuden standen,
aßen Fischbrötchen und türkischen Honig. Was für ein
Platz war das! Wie geschaffen für Aufmärsche. Da verbrachte ich jeden Ersten-Mai-Feiertag. Ich weiß nicht,
aus wie vielen staatspolitischen Anlässen ich dort antre-
ten mußte. So schön wie heute war der Friedrichsplatz
noch nie! Kein Exerzierplatz mehr, kein Platz für Aufmärsche. Er ist farbig und festlich, heiter und gesellig.
Die jungen Linden sind schon stattliche Bäume, und
wenn sie im Juli blühen, dann zieht – nein! Es ist Ost-
wind, Schönwetterwind, da mischt sich in Kassel die
Spinnfaser in alle Blütendüfte. Wie einst. Ich erinnere
mich: Ich ging mit einer Winterhilfswerk-Büchse durch
die Königsstraße, die Wilhelmstraße; heute ist das ein
Fußgängerzentrum, um das uns viele Städte beneiden. In
dieser Stadt leistete ich das ›Pflichtjahr für deutsche
Mädchen‹ ab, hier tat ich drei Jahre lang Kriegsdienst

*Die architektonisch prominente Treppenstraße.*

beim Generalkommando IX. AK, mit Erkennungsmarke
und Gasmaskentornister ausgestattet. Eine NS-Stadt, in
der ich tun mußte, was man mir befahl; eine Kriegsstadt,
dunkel, kalt, in der man Panzer baute und den ›Fieseler
Storch‹. Ich bin in eine demokratische Stadt zurückgekehrt!

Im alten Staatstheater habe ich ›Katte‹ gesehen, ›Schla-
geter‹ von Hanns Johst und Stücke von Rehberg. Auch
Unvergessenes: den ›Sommernachtstraum‹ und ›Iphige-
nie‹. Ich schwärmte für Luise Glau und für Stephan
Skodler. Ich sehe die junge Ruth Beheim noch vor mir,
singend auf einer Schaukel in Mozarts ›Così fan tutte‹.
Im neuen Staatstheater kann ich Ionesco sehen, Beckett,
Bond und Shakespeare à la Zadek. Oft begeistert und
manchmal empört. Aber: ich sehe Welttheater.

Ich ging damals in die Fulda zum Schwimmen. Da

reihte sich Freibad an Freibad, lange Zeit noch nach Geschlechtern getrennt. Wenn ein ›Fieseler Storch‹ unter dem Bogen der Fuldabrücke durchflog, tauchten wir wie die Enten. Heute schwimme ich im azurblauen, wohltemperierten Wasser des Stadions am Auedamm, die Fulda gleitet lehmig vorüber, Motorboote, ab und zu ein Hubschrauber oder ein Schwanenpaar in den Lüften, am anderen Fuldaufer lagern Kühe auf den Weiden, in der Ferne die Autobahn, die Schlote der Fabriken. Der Dampfer ›Elsa‹ fährt nachmittags noch immer die Kaffeegäste zur ›Grauen Katze‹, aber an manchen Abenden verwandelt er sich in ein ›river boat‹ mit Jazz und Beat.

Kassel liegt etwa in der Mitte zwischen dem 51. und 52. Breitengrad. Aber an manchen Sommertagen meint man, diese ehedem so steinerne dunkle Stadt mit den engen Straßenzügen, den dürftigen, mit Eisengittern wehrhaft gemachten Vorgärten sei auf dem 48. Breitengrad wiederaufgebaut; viel weiter südlich. Kommt man die Treppenstraße hinunter, an Sonnenschirmen und Caféhausstühlen und Blumenrabatten vorbei, geht der Blick weit ins Land. Ich mag diese Landschaft. Sie ist hessischharmlos, ohne Attraktionen. Der Fluß zu klein, um das Stadtbild zu bestimmen, kein Seeufer mit eleganten Promenaden, die Berge kaum zur Höhe der Mittelgebirge ansteigend, aber: eine Stadt mit mehr Grün als alle anderen Städte. Über 20 Prozent des Stadtgebietes sind Waldgebiet. Ich schätze, daß mindestens 20 weitere Prozent Gärten und Anlagen sind. Man öffnet die Straßenbahntür an den Endstationen und ist im Wald.

Und die Parks! Unserer vor allem, die Karlsaue. Da machen wir jedes Jahr eine Ente und einen Karpfen mit Brotresten fett. Wir müßten längst einen goldenen Wanderschuh bekommen haben, so oft sind wir im Winter und Frühling, im Sommer und Herbst in der Dämmerstunde um unseren See gegangen. Im neuen Kassel ist vieles ›unser‹. Wir sagen ›unser Park‹ und sagen ›unser OB‹.

Wo nur ein Stückchen Erde ist, auf dem weder eine Straßenbahn fahren noch ein Auto parken könnte, da blühen in Kassel, bevor noch die Baustelle zugeschaufelt ist, Blumen und Sträucher, und wo der Platz für ein Beet nicht ausreicht, da steht ein Zementtrog, aus dem es grün und blühend wuchert. Und die Springbrunnen! Vorm Rathaus, vorm Theater, vorm Bahnhof, es plätschert sogar im Kino. Wasserspiele vom Herkules bis zum Königsplatz, von Kaskade zu Kaskade.

Vor vier Jahren, als auch solch ein ›documenta‹-Jahr war, reiste ich einige Monate durch die Vereinigten Staaten. Ich suchte vergeblich in den Zeitungen nach Meldungen aus der Bundesrepublik. Keine Zeile Politik, keine Zeile Sport, aber mehrfach las ich von »Kassel, a small town in Western Germany«. Die ›documenta‹ hat uns Weltruf verschafft. Wenn man mich nach dem Woher fragte und Kassel hörte, dann sagte man: Ah, ›documenta‹! Man kommt eher aus Sydney und Montreal, um die ›documenta‹ zu sehen, als aus Wehlheiden und Bettenhausen. Die Stadt scheint moderner zu sein als viele ihrer Bewohner. Vieles ist gegen den Wunsch und gegen den Widerstand der Bürger geworden, wie es jetzt ist: das Fußgängerzentrum, die schwarzweiße Pflasterung der Königsstraße, die Anlagen auf dem Königsplatz. Für die Beleuchtung ihres Wahrzeichens allerdings haben die Bürger tatkräftig und spendenfreudig selbst gesorgt: Der Herkules, Halbgott und Übermensch, mahnt uns nun auch des Nachts als leuchtendes Vorbild zu großen Anstrengungen.

Die alte Neue Galerie! Dorthin gingen wir sonntags nach dem Gottesdienst, geradewegs zu den Niederländern. Der ›Kasseler Apoll‹ galt damals noch als das Glanzstück der kleinen Antikensammlung, marmorn, blank und schön, das Lockenhaupt zur Wand gerichtet, er kehrte seine Blöße noch nicht ungeniert dem Beschauer entgegen.

Als Untersekundanerin schrieb ich einen Hausaufsatz über das Hugenottenviertel, die Obere Neustadt. Ich saß in der Murhard-Bibliothek, zeichnete Grundrisse und Balkongitter und ›Œils-de-bœuf‹. Kassels schönstes Stadtviertel ist zerstört, der Aufsatz ist verbrannt. Wenn ich heute im Lesesaal sitze, fällt mein Blick wie damals auf den goldenen Bücherwurm, aber mein Blick fällt auch im Sachkatalog auf die Rubrik ›III. Weltkrieg‹, wohlgeordnet hinter Weltkrieg I und II. Das zerstört alle Illusion. Wir sind im Jahr 1968.

In den ersten Jahren hat mich das hessische ›als‹ gestört. Bis ich dann in einem Brief Jacob Grimms las: »Besuchen Sie uns doch als mal in Kassel.« Jetzt weiß ich, daß es damit seine Richtigkeit hat. Als mal, das heißt immer mal. Es klingt dem Ohr noch nicht angenehm, aber doch ganz vertraut. Längst weiß ich, daß man hier sagt: es ›schickt‹, wenn es genug ist. Unsere Mägen haben sich an Schmandhering und stracke Wurst gewöhnt, nur beim Speckkuchen streiken sie. Ich kenne mich in der Kasseler Art und in der Kasseler Mundart nun schon aus. Die Geschichten von ›Henner und Gußdchen‹ in der ›Hessischen Allgemeinen‹ lese ich, ohne zu stocken. Wir schreiben an unsere Freunde: »Kassel liegt auf der halben Strecke, wenn Ihr in die Berge oder an die See oder in die DDR fahrt. Wir haben siebzehn Rembrandts! Besucht uns doch als mal!«

(1968)

# Die Musen in unserer Stadt

Seit man in Kassel die Zeit mit olympischem Maß mißt, hat man höheren Orts, auch dort, wo die Gelder verteilt werden (acht Prozent des Etats für kulturelle Zwecke), erkannt, daß Kassel eine Stadt der Kultur ist, immer war und vor allem werden muß. So kann man es ganz offiziell in den Reden des so sehr tüchtigen, weltoffenen Oberbürgermeisters hören. In seiner letzten Haushaltsrede steht sogar: »Was bleibt, stiften die Dichter«; wer hörte das nicht gern? Wenn alle Pläne verwirklicht werden – oh, dann gehen die Musen in Kassel herrlichen Zeiten entgegen!

Jetzt eben befindet man sich in Kassel innerhalb einer Olympiade; die ›documenta II‹ war im vergangenen Jahr. Jetzt werden die zuständigen Herren wohl nachdenken, was sie aus der Kritik der Weltpresse – die ›documenta II‹ war wie die erste ein Ereignis auf dem Weltmarkt der Kunst – lernen können. Man ist hier bereit zu lernen, sogar aus den eigenen Fehlern, ›documenta III‹, die eine Überschau über die Kunst der Welt von 1913 bis 1963 geben soll, wird gewiß nicht in der kritisierten Ausschließlichkeit abstrakte Malerei zeigen. Die Malerei im Schloß Wilhelmshöhe, die Plastik im Oktogon des Herkulesdenkmals. »Großartige Pläne. Sie können gar nicht großartig genug sein« (einer der zuständigen Herren).

Sehen wir uns die Herren einmal an, die zuständig sind. Lassen Sie uns oben beginnen. Oben, das ist in Kassel der Herkules, der nach wie vor das Gesicht der Stadt weithin bestimmt. Sein Denkmal steht dort, wo sich der Höhenzug des Habichtswaldes ein wenig senkt, aber man ist hoch genug (annähernd 600 Meter), um jenseits des Kasseler Beckens den Hohen Meißner sehen zu können. Dahinter vermutet man das Eichsfeld. Das liegt schon jenseits. Man darf nicht vergessen, daß es 50 Kilometer östlich von Kassel schlagartig sehr östlich ist.

Mit welcher Konsequenz ist diese Stadt zerstört worden im letzten Krieg, sogar ihre Schlösser, bis auf das eine, das reizende, abgelegene Wilhelmstal. Im ausgebrannten Mittelteil von Schloß Wilhelmshöhe soll die Gemäldegalerie ihren Platz finden, und darum sei jetzt von dem schönen Besitz an niederländischer Malerei gesprochen, den die staatlichen Kunstsammlungen dem musenfreundlichen Landgrafen Wilhelm VIII. verdanken. Berühmtestes unter den 19 Bildern Rembrandts: ›Jakobs Segen‹; Rubens, Frans Hals, Steen, van Dyck. Ein würdiger Platz, in einem schönen Schloß, in einem herrlichen stillen Park, vielleicht zu still für ein Museum, zu abgelegen; es wird sich ausweisen, ob die Besucher der Kultur oder der Natur den Vorzug geben oder ob sich auch hier ein Kompromiß finden läßt. Im erhaltenen Seitenflügel, auch das eine Einmaligkeit: das Tapetenmuseum, das einzige Europas, instruktiv, bildend, werbend. Angeschlossen ist eine Schau moderner Tapeten, deutsche Firmen zeigen das Beste aus ihren Kollektionen.

Näher hin zur Stadt, aber immer noch in Wilhelmshöhe, in der Heinrich-Schütz-Allee, residiert ein Mann, dessen Name im kulturellen Leben Kassels einen guten Klang hat: Dr. Vötterle, Gründer und Inhaber des Bären-

*Die ›documenta II‹ (1959) in der Orangerie, damals noch eine Ruine.*

reiter-Verlages, des jüngsten unter den großen deutschen Musikverlagen. Von ihm muß die Rede sein, wenn man vom Kasseler Musikleben spricht. Kassel – Basel – London – New York, in dieser Reihenfolge liest man das selten, aber so steht es vorn in seinen Publikationen. Hier gibt man die große Enzyklopädie ›Die Musik in Geschichte und Gegenwart‹ heraus, Gesamtausgaben von Schütz, Bach, Händel, Faksimiledrucke, internationale Musikzeitschriften. Spricht man vom Bärenreiter-Verlag, spricht man sehr bald auch von den Kasseler Musiktagen, die in jedem Herbst stattfinden, veranstaltet vom Arbeitskreis für Haus- und Jugendmusik, längst über den hessischen Raum hinaus bekannt. Ziel war zunächst die Wiedererweckung alter Musik auf alten Instrumenten, und immer noch steht viel Bach, Telemann, Schütz auf dem Programm, aber mehr und mehr dringt neue Musik ein. Alljährlich eine Uraufführung (Hugo Distler, Henze, Béla Bartók), in diesem Jahr war es Krenek mit einem Klavierwerk, der Komponist war der prominenteste Gast und Festredner. Man macht in Kassel Gebrauchsmusik. Chorleiter und Musiklehrer kommen zu den Musiktagen, aber auch die große Zahl der Freunde der Kammermusik. Offenes Singen, offenes Tanzen; dem englischen Contratanz gilt die besondere Liebe der Veranstalter.

Allwinterlich gibt es zwei große Konzertreihen im Abonnement (jedesmal ist die große Stadthalle bis auf den letzten Platz gefüllt). Die eine mit Starnamen: Fischer-Dieskau war in diesem Herbst schon hier, ebenso Herbert von Karajan mit den Berliner Philharmonikern; die andere, vom Staatstheater veranstaltet, mit einem ebenfalls anspruchsvollen Programm.

Ein paar hundert Meter näher zur Stadt, noch provisorisch untergebracht: die Hochschule für bildende Künste, eben gerade so ernannt und von der Namensähnlichkeit zur Werkkunstschule, im gleichen Kasernengelände, befreit. An dieser Stelle muß wohl von dem geredet werden, was man in Kassel summarisch ›den Kreis um Arnold Bode‹ nennt, von der ›documenta‹. Nichts Geringeres hat man sich dort vorgenommen, als aus Kassel eine Kunststadt zu machen, einen Begriff, der in aller Vorstellung ist, ähnlich der Biennale. Kassel – eine Stadt für moderne Kunst, modernste Kunst? Es gibt in den staatlichen Sammlungen keine und in den städtischen wenig moderne Kunst; es fehlen die Mittel zum Ankauf. Welche Stadt kann denn 180 000 Mark für ein Bild von Nolde zahlen, solange noch Trümmer da sind? Aber Stiftungen – gibt es keine Mäzene in Kassel? Gibt es in den großen Industrieunternehmen niemand, der wirklich aktiv die Kunst fördert? Bisher steht an keinem Gemälde und an keinem Denkmal der Vermerk: Stiftung der Firma Henschel, Credé – oder andere Namen, alte Kasseler Namen. Man fängt mit der ›documenta‹ auf grünem Rasen an, gestützt auf den Erfolg der ersten, belehrt durch die Erfahrungen der zweiten. Man plant für später eine ständige ›documenta‹ mit Leihgaben; Kritiker fürchten allerdings, daß es ein Olympia der Schnellmaler werden könnte – schon bei der letzten trugen verdächtig viele Bilder die Jahreszahl des Ausstellungsjahres.

Das Landesmuseum. Dort steht als bekanntestes Stück der kleinen Antikensammlung der ›Kasseler Apoll‹, römische Nachbildung eines Standbildes des Phidias, schöner, glatter Marmor, kunstvoll gedrechselte Locken; die Zeiten, da man zu ihm pilgerte, wenn man nach Kassel kam, sind wohl vorbei. Nebenan, wo man die Bestände der Murhard-Bibliothek mit denen der Landesbibliothek vereint hat, gibt es ein kleines Museum, dem Andenken der Brüder Grimm gewidmet. Eine Gesellschaft zu deren Schutz und Ehren gibt es selbstverständlich auch, ebenso eine Goethe-Gesellschaft, einen Universitätsbund, eine christlich-jüdische Gesellschaft – viele Gesellschaften zur Pflege der Kultur.

Staatstheater, großes und kleines Haus. Bilder und Berichte über diesen Neubau haben lange die westdeutschen Zeitungen gefüllt. Man muß nicht in alte Kerben hauen. Nur das: So schlecht ist der Bau gar nicht, von manchem Blickpunkt aus sogar recht hübsch. Und dann: Wo kann man denn für 2,50 Mark von einem bequemen Sitz aus gut sehen, gut hören? Gutes sehen – Gutes hören. Man hat es dem Intendanten verargt, daß er bei der Eröffnung seines großen Staatstheaters etwas von Provinztheater gesagt hat, man meinte wohl, auch er müsse seine Ziele höher stecken. Ist aber solche Bescheidenheit nicht sympathisch? Man spielt hier ordentlich Theater, man greift auch keineswegs nur auf Bewährtes zurück. Eben jetzt stampfen auch über Kassels Bühne die Nashörner – allzu naturalistisch, sagen einige Kritiker und bevorzugen die Inszenierung von Hilpert im benachbarten Göttingen. Jeden Abend spielt das große Haus, jeden Abend das kleine Haus, in einer Stadt von 200 000 Einwohnern. Es gibt außerdem noch ein ›kleines Theater‹ am Goetheplatz, wo man wirklich kleines Theater macht, ganz hübsch sogar, intim, ohne alle technischen Raffinessen, die man im neuen Haus so reichlich besitzt. Man sorgt für Gastspiele, man ist gewillt, sein Publikum zu erziehen, man spielt Honeggers ›Johanna auf dem Scheiterhaufen‹, man plant Prokofjew. Unterstützt von der Volksbühne. Man holt seine Abonnenten von weit her, abends warten viele Omnibusse auf dem Parkplatz hinterm großen Haus. Man denkt mit einiger Sorge an die Lehrersfrauen der hessischen Provinz beim schaurigen Mummenschanz der Nashörner.

Endlich kann jetzt von einer Frau die Rede sein, der Leiterin der Volkshochschule, Frau Rompel, die mit Energie, Intelligenz und weiblichem Geschick die Volkshochschule zu dem gemacht hat, was sie heute ist: eine der besten und größten Volkshochschulen Deutschlands, eine der wenigen, die allein von der Stadt getragen werden, eine mit hauptamtlichen Dozenten, eine, die festes, großes Publikum hat. Man ist dabei, den Kasseler Bürgern klarzumachen, daß Bildung nichts Abgeschlossenes ist, daß sie nur in ständiger Auseinandersetzung mit den Äußerungen der Zeit, auf allen Gebieten der Politik wie der Kunst, erworben und erhalten bleiben kann, und es scheint, als seien gerade in Kassel die Menschen davon zu überzeugen.

Die Musikakademie der Stadt müßte erwähnt werden, der Kunstverein, der schon sein 125. Jubiläum gefeiert hat, das Amerikahaus – der Katalog der Veranstalter ist ungewöhnlich lang. Noch einmal aber der Name des Oberbürgermeisters, Dr. Lauritz Lauritzen, dem die Stadt soviel verdankt, auch, daß er einen Fachmann in das städtische Kulturamt geholt hat. Dieses Kulturamt tritt in Matineen als Veranstalter auf und präsentiert junge Künstler. ›Wir stellen vor‹ heißt diese Reihe.

Das Publikum? Die Konsumenten von soviel kulturellem Angebot? Wirken die Bewohner dieser so hell, so südlich wiederaufgebauten Stadt nicht ein wenig fremd hier, altmodisch in ihrer neuen Stadt, schwerfällig auf ihrer hübschen Treppenstraße? Aber vielleicht wandelt ja eine Stadt allmählich ihre Bewohner. Man hat sich Florenz als Partner einer Städtefreundschaft gewählt ... Man sagt dem Kasseler nach, er trage immer noch den Untertan in sich. Man sei eben zu lange Untertan eines Fürsten gewesen, zu lange auch Beamter, Militär in der Verwaltungsstadt, der Garnison – eine gewisse Bravheit, Biederkeit, Strebsamkeit ist unverkennbar. Nein, es knistert hier nicht! Man ist fürs Abonnement. Aber wo ist denn die Grenze zu ziehen zwischen Treue und Trägheit? Man ist ernsthaft bemüht, man geht ins Theater, bevorzugt Problemstücke, geht in Konzerte – wohin sollte man sonst auch gehen, wenn's Abend ist? Ausgehen kann man nicht in Kassel, abends liegen die Straßen wie ausgestorben, kaum eine Bar, keine Weinstube – Verzeihung, doch ja, die eine, fast schon so berühmt wie die ›documenta‹, weil sie ein Unikum ist.

Fragt man die Zuständigen: Aber wo sind denn nun die Künstler? Wo sind denn nun die Musen wirklich am Werk? Dann hört man den Namen von Fritz Winter – malt er eigentlich hier? –, Fritz Diettrich als Dichter, Wilhelm Grasshoff als Essayisten, aber dann ist es schon aus. Oder dichtet, komponiert, malt noch einer irgendwo in der Stille, so sehr in der Stille, daß man an zuständigem Ort nichts davon weiß? »Hierorts unbekannt«, wie damals, 1945, von seiten der Stadtverwaltung auf das Wohnungsgesuch der alten Ricarda Huch geschrieben wurde. Nun, diese neue Stadtverwaltung tut viel, um das wiedergutzumachen. Auch in Kassel ist es heute schwer, als verkannter Künstler zu leben. Im neuen, schönen Haus der Jugend gibt es sogar Teeabende mit lebenden Malern. Eine ,Stadt der Kultur. Stadt der ›documenta‹. In Kassel sind die Musen ehrgeizig.

(1960)

# Warum nicht ich?

In einer der Biographien, die ich über mein Leben geschrieben habe, stehen folgende Zeilen:

>». . . *Keine,*
> *vor der man Angst hat; aber viele, die*
> *mich fragten, obwohl ich Antworten nicht*
> *wissen würde. Geduldig sein*
> *mit anderen, ungeduldig mit mir selbst.*
> *Meine Sätze sollten nicht mit ›Aber‹,*
> *nicht mit ›Ach‹ beginnen. Niemals: Warum*
> *denn ich? Warum nicht ich? Fünfzigjährig*
> *möchte ich noch staunen und bewundern*
> *können. Was schön ist, würde ich*
> *schon nennen.«*

Soweit. Zwei Jahrzehnte sind schon wieder vergangen. Ich staune noch, ich bewundere noch und: ich erinnere mich. Und: es schaudert mich. Als der Zweite Weltkrieg ein Ende hatte und die Überlebenden entließ, gedemütigt, elend, arm, hungrig, aber auch voller Hoffnung: Das ist vorbei, für immer vorbei, vorbei sind Luftangriffe, Bombenabwürfe, vorbei sind Flucht und Vertreibung – damals fing mein Leben ein zweites Mal an. Ich habe versucht, mein Gedächtnis wachzuhalten, ich habe berichtet, ich habe Überlebensgeschichten geschrieben und anderes. Ich habe versucht, Mut zu machen, dem einzelnen Leser zumindest, ich habe versucht, Freude zu verbreiten, weil Lebensfreude eines der besten Mittel gegen das Unheil ist. War das alles vergeblich? Es ist weitergegangen mit Kriegen und mit Vertreibung, Vergewaltigung, Luftangriffen . . .

Ich muß nun über den 22. Oktober 1943 in meinem Leben berichten, was ich bisher nie getan habe, ich habe aber wieder und wieder von der ›Todesstunde der Stadt Kassel‹ geschrieben.

Einige Jahre war ich Schülerin des städtischen Oberlyzeums am Ständeplatz. Mit 15 Jahren mußte ich das ›Pflichtjahr für deutsche Mädchen‹ in einem kinderreichen Haushalt ableisten, dann brach der Krieg aus. Ich war 17 Jahre alt und wurde zum Stellvertretenden Generalkommando IX. AK eingezogen, bald schon eine ›besonders beauftragte Person‹, die mit Geheimpost zu tun hatte. Sie kennen das Gebäude, im Stil des ›Dritten Reiches‹ erbaut und wohlerhalten. Es wird von vielen Bürgern der Stadt noch immer so genannt und nicht Bundessozialgericht oder Bundesarbeitsgericht, was mich verwundert und erschreckt. Durch die Großmut des kommandierenden Generals, auch durch die Großmut des Direktors des Oberlyzeums, wurde ich nach drei Jahren vom Kriegsdienst befreit, um das Abitur nachzuholen, zu studieren. Ich wurde wieder eine Schülerin, sprang von Klasse zu Klasse, das war möglich, Ziel war das Abitur im Frühjahr 44. Statt dessen der 22. Oktober 43. In der Schule wurde vormittags und nachmittags unterrichtet. Ich hatte an jenem Tag Nachmittagsunterricht, verließ das Gebäude am Ständeplatz gegen 18 Uhr, war mit meiner besten Freundin verabredet, sie machte Kriegseinsatz bei Henschel oder bei Fieseler, Panzer oder Flugzeuge? – ich weiß es nicht mehr. Wir saßen im Café Reiss, dem Rathaus gegenüber, trennten uns bald, weil es helle Tage waren, gefährlich klare Nächte, an den Vorabenden hatte es früh Luftalarm gegeben.

Wo die Schulgebäude standen, das läßt sich kaum noch ausmachen, es blieb nichts übrig, vom Café Reiss ist nichts übriggeblieben. Im Luftschutzkeller sind alle umgekommen, die Freundin, die in einer Seitenstraße der unteren Königsstraße wohnte, wie hieß sie – Moltkestraße? Die Freundin ist umgekommen, ihre Eltern sind umgekommen, die Großmutter, ihr Hund, nichts mehr, was hätte beigesetzt werden können. Ich habe das alles ihrem Mann mitgeteilt, er war Soldat an der Kanalküste, wo man mit der Invasion der Alliierten rechnete.

An jenem Abend bin ich ins Auefeld gelaufen, um einer anderen Freundin, deren Mann gefallen war, die ebenfalls nachträglich Abitur machen wollte, die Hausaufgaben zu bringen; sie war erkrankt. Dr. Luise v. Wieding, sie wurde später eine angesehene und beliebte Ärztin in Kassel. Als ich dort eintraf, heulten bereits die Sirenen. Ich lief die paar hundert Meter zum Haus meiner Eltern, da fielen bereits die ersten Bomben, Scheinwerfer am Himmel, die Flak schoß, ich erreichte den notdürftig gesicherten Luftschutzkeller, mit meiner Schultasche und sonst nichts. Auch im Haus der Freundin, Langenbeckstraße, hat es Tote und Verletzte gegeben. Ich bin dem Tod davongelaufen, weg aus der Innenstadt.

Das Haus der Eltern, das nur wenige Jahre gestanden hat, wurde von mehreren Phosphorbomben getroffen, brannte aus, wurde total zerstört, total, eine Steigerung des Unheils. Unter nassen Fliegerdecken liefen wir durch die Flammen ins Freie, das Haus hatte einen Garten – das war die Rettung. Die letzte Phosphorbombe explodierte im Zimmer meiner Mutter, als ich noch ein Bild von der Wand holen wollte, ich habe das Bild gerettet,

*Am Morgen nach der Bombennacht vom 22. Oktober 1943.*

ich habe mich gerettet. Ich wollte nicht mit dem Leben davonkommen. Ich wollte dieses Inferno nicht überleben. Ich habe um einen raschen Tod gebetet. Aber: Ich blieb am Leben. Warum? Warum nicht ich? Auf diese Frage weiß ich keine Antwort.

Ich bin eine Zeitzeugin geworden, damals war ich ein junges Mädchen. Sie kennen das Umschlagbild des Buches von Dettmar ›Die Zerstörung Kassels‹? Dieses Mädchen mit den braunen Locken, das auf einem Koffer vor den Trümmern der Stadt sitzt – das hätte ich sein können.

Mein Vater war im Winter 1940 gestorben. Meine Mutter lag in einem halb zerstörten Nachbarhaus. Zusammen mit meiner Schwester, die Flakhelfer in Unterständen zu unterrichten hatte, saß ich auf einem Tisch im Garten und sah zu, wie alles verbrannte, auch meine Abiturarbeit über ›Goethe und die Frau v. Stein‹, das betrauerte ich am meisten. Es fielen noch Bomben. Was für ein Blick: die mehrstöckigen Häuser und Villen am Weinberg, an der Terrasse, standen in lodernden Flammen vorm schwarzen Himmel. Nero – ich begriff Neros Begeisterung über das brennende Rom. Das Schöne ist nichts als des Schrecklichen Anfang. Zeitzünder explodierten, die Flak schoß nicht mehr, keine Flugzeuge mehr am Himmel. Die Augenbrauen und die Wimpern versengt, die Schuhe von Glas und Scherben zerschnitten. Die Nacht verging, aber es wurde nicht Morgen. Im Garten hingen Bratäpfel an den Bäumen, es sah aus wie in einem Schlaraffenland, im Keller war das Eingemachte ein weiteres Mal eingekocht.

Wir versuchten aus dem brennenden Haus Bücher zu retten, das war uns das Wichtigste, wir trugen sie in den Garten und dann aus dem Garten in die Waschküche, die unzerstört war. Meine Mutter fand einen Platz auf einem Kartoffelfuhrwerk; der Bauer wollte seinen Kunden die Winterkartoffeln zum Einkellern bringen, wie es vereinbart war. Er transportierte meine Mutter in ein Pfarrhaus an der Eder. Ich machte mich auf die Suche nach denen, die mir nahestanden. Ich bin nicht weit gekommen, gefunden oder getroffen habe ich niemanden. Warum habe ich den Kadaver eines Hundes noch heute vor Augen, es lagen doch Tote am Straßenrand? Um den Hund, den ich nicht kannte, habe ich lange geweint. Als ich zurückkam, stand ein Paar Schuhe vor der Waschküchentür. Unser Schuster hatte sie gerettet, er kannte seine Kunden. Seine Wohnung war total zerstört, die Werkstatt nicht. Diese Schuhe habe ich noch lange nach Kriegsende getragen und oft an unseren Schuster Dietrich in der Frankfurter Straße gedacht.

Als ich nach Tagen in die Stadt zurückkam und vor der

Ruine unseres Hauses stand und in die Waschküche gehen wollte, war dort das Wasserrohr gebrochen, die Bücher lagen auf dem Grund, die Einbände schwammen obenauf. Ich sammelte, was ich fand, zusammen, trug es in den überhitzten Keller, stapelte es – es hat dann noch einmal gebrannt, Phosphor entzündet sich immer aufs neue. Der Sack mit den Büchern wurde von hier nach dort transportiert, landete schließlich in Marburg, bei einem Buchbinder, der reparieren sollte. Ich erinnere mich an einen verquollenen und verzogenen Band, auf dem in Goldschrift nachgemalt war: Hebbes. Es war ein Band der Hebbel-Werke. Ich habe den Rest dieser Bibliothek dann vernichtet. Etwas ist ja immer: zum Lachen – Hebbes.

Dieser 22. Oktober bedeutete das Ende meiner Kindheit, meiner Schulzeit, meines Jung-Seins. Ich war keine behütete Tochter mehr. Es ging weiter mit Kriegseinsätzen: Die Lehr- und Wanderjahre begannen, Abitur nebenher, Studium nebenher. Es waren wichtige Jahre: Menschenkenntnis, Berufserfahrung, ich lebte ohne Besitz, aus einem Koffer.

Als ich zwei Jahrzehnte später nach Kassel gezogen bin, habe ich mich gegen das Wort Rückkehr gewehrt. Es war nicht mehr die Stadt, die ich verlassen hatte. Eine andere Stadt – und ich eine andere. Vertraut war die Landschaft, vertraut die Parks. Nach und nach wurden ein paar Erinnerungsstücke aufgebaut, von einem *Wiederaufbau* der Stadt kann keine Rede sein. Ich habe dann oft über Kassel als meinen ständigen Wohnsitz geschrieben, aber es war mir nie möglich, über dieses Inferno zu schreiben, die Geräusche, die Gerüche, die Schwärze des Rauchs, die Schreie. Das nicht! Es gibt eine Realität, über die ich nicht schreiben kann. Ich habe mir Mühe gegeben, hier heimisch zu werden. Die Stadt hat sich ebenfalls um diese beiden Autoren Mühe gegeben, ich wohne wieder im Auefeld, ich gehe ungerührt an jenem Haus vorüber, das ein anderer sich wieder aufgebaut hat.

Unter dem Titel ›Not lehrt schreiben‹ habe ich bei einem anderen Anlaß ein Wort von Ernst Bloch, »Not lehrt denken«, abgewandelt, der ein Wort der Bibel benutzt hatte, »Not lehrt beten«. Ich zitiere eine kurze Passage: »Ich sah mich um und machte eine überraschende und auch erschreckende Entdeckung: Rund um mich lebten lauter Überlebende, und auch ich selbst eine Überlebende, eine, die Bombenangriffe überlebt hat, Tieffliegerangriffe, einen schweren Autounfall; eine, die Tod und Trennung von denen, die sie liebt: überlebt. Was ist das für eine Kraft, die den Menschen überleben läßt? Es muß die gleiche Kraft sein, die den Pflaumenbaum blühen läßt, woran niemand ihn hindern kann, es sei denn, er fällte ihn.«

Ein solcher wilder Pflaumenbaum steht neben dem Südportal von St. Martin. Er blüht in jedem Frühling überschwenglich. Er steht im Wege! Er verdankt einigen protestierenden Bürgern, daß er weiterblühen darf. Hat er überlebt? Ich kenne ihn noch nicht so lange.

Osanna – die große Glocke von St. Martin. Heute abend wird sie während der Todesstunde unserer Stadt läuten, daß es nur so dröhnt. In welchem Jahr erklang sie zum ersten Mal wieder von den Türmen der Martinskirche? In einer Weihnachtsnacht oder in jener Todesstunde am Abend eines 22. Oktober? Wenn ich sie in der Weihnacht höre, erinnere ich mich an diese Todesstunde. Aber auch umgekehrt! Diese Todesglocke erinnert an die Weihnachtsnacht. Das Heil der Welt, das Unheil der Welt. Zwischen Heil und Unheil versuchen wir, uns zurechtzufinden. Osanna – hilf!

(1993)

# DIN A 5 – eine Schulzeit
## im ›Dritten Reich‹

Als meine Mutter den Satz »Lies mir das bitte vor!«
nicht mehr hören konnte, schickte sie mich in die Schule,
damit ich endlich lesen lernte. Irgendwann, mitten im
Schuljahr, ich war gerade fünf Jahre alt geworden. Ich
saß in der letzten Reihe einer einklassigen Volksschule;
die Versetzung erfolgte von einer Bank zur anderen. Ich
habe dort Heimatkunde gelernt, außerdem Stricken und
Lesen und Schreiben. Heute steht die Schule leer, die
Dorfkinder werden mit Schulbussen zu größeren schuli-
schen Unternehmen befördert.

Meine Eltern hatten Größeres mit mir vor, Ziel war
eine höhere Schule. Das vierte Grundschuljahr saß ich
in einer städtischen Volksschule ab, in Arolsen, einem
Residenzstädtchen, über dem damals noch fürstlicher
Glanz lag. Auch dieser Schulbesuch befähigte ein kleines Mädchen noch nicht dazu, ein Gymnasium zu besuchen, dazu bedurfte es der weiteren Vorbereitung auf
einer Mädchenschule, der Bathildis-Schule, nach der
Fürstin-Mama benannt. Zwei Jahre später durfte ich –
gründlich geprüft – in das Reform-Realgymnasium gehen; nur wenige Mädchen durften das. Außer dem
Gymnasium befand sich eine SA-Führerschule in den
Gebäuden; der Kasernenhof war unser Schulhof, später
zog SS dort ein; heute befindet sich eine NATO-Einheit

92

in den Schulgebäuden, Belgier, soviel ich weiß. Die Schule heißt jetzt Christian-Rauch-Gymnasium. Ich war eine Fahrschülerin. Täglich zweimal sechs Kilometer hin, sechs Kilometer zurück, landschaftlich hübsch, aber bergig. Und weiterhin zu jung, was in jedem Zeugnis vermerkt wurde, außerdem: »Die Schrift ist unleserlich!«

Mein Vater, der Pfarrer und Kirchenrat war, wurde vorzeitig pensioniert, er gehörte der Bekennenden Kirche an. Wir zogen nach Kassel, und ich wurde in eine reine Mädchenschule, das städtische Oberlyzeum, geschickt. Meine Mitschülerinnen besaßen bereits Tanzstundenreife, waren BDM-Führerinnen, und ich war weiterhin zu jung, kam vom Lande, war nicht im BDM. Mit 15 hatte ich eine mittlere Reife erlangt, schrieb zur Abschiedsfeier ein Theaterstück, das in der Aula aufgeführt wurde. Damit schien meine schulische Laufbahn beendet zu sein. Was hatte ich vor? Was hatten meine Eltern mit mir vor? Was das Leben? Der einzige, der das wußte, war der Führer, er erließ einen entsprechenden Befehl. Ich hatte das ›Pflichtjahr für deutsche Mädchen‹ in einem kinderreichen Haushalt abzuleisten, eine Art von Zivildienst. Und als ich das hinter mich gebracht hatte, wußte er wieder, was gut für mich war: Kriegseinsatz. Von 1939 bis 1942 arbeitete ich als ›besonders beauftragte Person‹ in der Geheimregistratur eines Generalkommandos. Inzwischen war ich über zwanzig. Ich beantragte meine Freistellung zum Studium, dazu mußte ich zunächst eine höhere Reife erwerben. Ich kehrte zurück zu jenem Oberlyzeum, das aber inzwischen Jacob-Grimm-Schule hieß. Meine Freunde, alle in feldgrauen Uniformen, holten mich am ersten Schultag ab. Mit einer großen Schultüte!

In raschen Sprüngen habe ich die drei Jahre Ober-
stufe bewältigt. Bewältigt? Das klingt zu großartig. Der
Direktor der Schule war großzügig, ließ mich alle paar
Monate eine Klasse überspringen. Dort war ich ein
Fremdkörper, war zu alt und auch zu lebenserfahren,
trug keine Uniform. Mit dem Abitur wurde es wieder
nichts! Ein Luftangriff zerstörte mein Elternhaus, die
Schule, die ganze Stadt. Ich geriet in den nächsten
Kriegseinsatz, diesmal als Zweitköchin in einem Kurort
im Vogelsberg, ›Kaiserhof‹ hieß das Hotel, eine evaku-
ierte Schule aus Wilhelmshaven war darin untergebracht. Eines Tages bekam ich die Nachricht, daß ich
in Fulda als Externe die Reifeprüfung ablegen könnte.
In welchen Fächern hat man mich geprüft? Ich weiß es
nicht, mit Sicherheit in Vererbungslehre. Wie hieß das
Gymnasium? An welchem Tag? Auch das weiß ich
nicht, Januar 1944. Am Abend stand ich wieder in der
Großküche.

Inzwischen wußte ich, daß ich Architektur studieren
wollte, aber: die Technischen Hochschulen waren für
Mädchen gesperrt. Ich fing eine Ausbildung als Bibliothekarin an, ein halbes Jahr ging das gut, dann wurde
ich in ein Flugzeugwerk in Halle/Saale, das nicht mehr
produzierte, eingezogen; ich arbeitete als Gehalts- und
Lohnrechnerin. Rechnen hatte ich ja gelernt.

Ich habe es auf dreizehn erlernte oder ausgeübte Be-
rufe gebracht, ich habe auch ein Diplomexamen abge-
legt und einiges studiert. Der vierzehnte Beruf war
dann der einer haupt- und freiberuflichen Schriftstellerin, darüber war ich 32 Jahre alt geworden.

Kein aufregender erster Schultag. Kein festlicher letz-
ter Schultag. Kein Schulgebäude, vor dem ich – glaubwürdig – versichern könnte: Hier bin ich zur Schule
gegangen! Die Schulen tragen andere Namen, stehen an

94

anderen Plätzen. Aus Gründen der Papierersparnis hat mein Reifezeugnis nur das Format DIN A 5.

Diese ganze Schulzeit: DIN A 5.

(1985)

# Eine ungehaltene Rede
(Malwida von Meysenbug)

*Christine Brückner hält 1983 im Rahmen der Veranstaltung
›Kassel trifft sich – Kassel erinnert sich‹ ihre ungehaltene Rede
vor dem Porträt der Malwida von Meysenbug.*

# Eine Oktave tiefer, Fräulein von Meysenbug!

Rede der ungehaltenen Christine Brückner an die Kollegin Meysenbug

Mein liebes Fräulein von Meysenbug! Sie haben Ihre Lebenserinnerungen nicht ohne Selbstherrlichkeit ›Die Memoiren einer Idealistin‹ genannt und sie »jenen glücklichen Schwestern geweiht, die sich in der freien Luft eines anerkannten Rechts entwickeln konnten«. Ich werde mir erlauben, Sie gelegentlich ebenfalls mit ›Schwester‹ anzureden. Ich bin eine solche glücklichere Schwester, und ich werde Ihnen für einiges – nicht für alles! – danken, was Sie zur Emanzipation der Frauen beigetragen haben.

Sie hielten sich für eine Idealistin, aber Sie waren eine Phantastin. Eine Träumerin. Sie schreiben, daß Sie den schmalen Pfad der Einsamen gegangen seien, nach den Sternen und nicht nach den Kronleuchtern der Ballsäle geblickt hätten. Es hat auf diesem einsamen Pfad von Künstlern, Philosophen, Theologen nur so gewimmelt. Der Große Brockhaus zählt unter Ihrem Namen einige Berühmtheiten auf: Richard Wagner, Friedrich Nietzsche, Romain Rolland und – so heißt es – andere führende Geister Europas. Der größte Komponist Ihrer Zeit, der größte Philosoph Ihrer Zeit, ein großer Literat Ihrer Zeit; unerwähnt bleiben die Fürstinnen und Kardinäle.

Wo Sie auch hinkamen, liebe Malwida, Ihr adliger Name, Ihre sorgsame Erziehung, Ihre künstlerischen

Neigungen ebneten Ihnen die Wege. Dafür konnten Sie nichts? Ich mache Ihnen Ihre Herkunft nicht zum Vorwurf. Aber ich lasse sie auch nicht außer acht.

Sie haben Ihre Kindheit in einem vornehmen Haus verbracht, Ihr Vater war Minister am kurfürstlichen Hof in Cassel, Sie haben die Nachteile, aber auch die Vorzüge des höfischen Lebens kennengelernt. Sie haben sich nur schwer aus den Familienbanden gelöst und sich Ihren Lebensunterhalt nur deshalb selbst verdient, weil Sie nicht in materieller Abhängigkeit von denen leben wollten, von denen Ihr Geist sich gelöst hatte und die Ihre fortschrittlichen Ansichten nicht teilten. Sie haben aus Ihren Theorien die Konsequenz des Handelns gezogen, Sie, eine Aristokratin von Geburt und Erziehung, wurden eine Demokratin aus Überzeugung. Das war sehr nobel. Sie sind der Ansicht, daß man materielle Opfer nur von denen annehmen dürfe, mit denen man sich in vollständiger geistiger Übereinstimmung befinde, und daß man von jenen, denen man durch die eigenen Überzeugungen bitteres Leid zugefügt hat, keine Unterstützung verlangen könne. Was für Anforderungen stellen Sie an die Menschheit! Menschheit – das ginge ja noch, aber Anforderungen an jeden einzelnen! Heute, meine liebe Schwester, stellt man gewöhnlich die Ansprüche nicht zuerst an sich selbst, sondern an die anderen, an die Gesellschaft, den Staat. Besonders an den Staat.

Das bedeutet allerdings nicht, daß man den Staat nicht kritisieren dürfe. Das halten Sie für ausgeschlossen? Ein Beispiel: Sie kannten Georg Büchner? Seinen ›Hessischen Landboten‹? Oder sein Drama ›Dantons Tod‹? Büchner mußte wegen landesverräterischer Umtriebe das Land Hessen verlassen. Er vertrat radikale politische Ansichten, ebenso wie Sie. Er ging ins Elsaß, Sie flohen von Berlin nach England. Auch er entzog sich seiner Verhaftung durch Flucht. Nach diesem aufsässigen Dichter hat man heute einen sehr begehrten Literaturpreis benannt. Er wird mit Vorliebe an rebellische Dichter verliehen, und diese nehmen, gelegentlich mit Skrupel, den Preis an und sagen bei der Preisverleihung dem Stifter des Preises, dem Land Hessen, ihre Meinung, unverblümt. Der Staat belohnt seine Rebellen! Erkennen Sie den Fortschritt? Jeder darf heute den Staat schmähen und trotzdem in dessen Diensten stehen. Denken, Sagen und Schreiben pflegt man vom Handeln zu trennen! Sie wurden gewahr, wie entbehrlich Regierungen in einer Anzahl von Angelegenheiten sind. Sie benutzen in diesem Zusammenhang sogar das Wort überflüssig. Törichte Schwester! Man ruft heute lauter denn je nach dem Staat. Der Ruf nach dem Staat – das ist eine stehende Redensart geworden. Der Staat ist es, der Pflichten gegenüber seinen Bürgern hat, die ihrerseits an ihn Steuern zahlen müssen. Der Bürger hat berechtigte Ansprüche, er kann für sein Geld etwas verlangen. Wenn eine Regierung seine Ansprüche nicht erfüllt, wird er sie nicht wieder wählen. Inzwischen haben wir ein allgemeines Wahlrecht, keine Wahlpflicht. Was schreiben Sie nur immer von Pflichten!

Sie waren der Ansicht, daß die Welt noch nicht am Ende des Wissens angelangt sei und daß der Fortschritt weitergehe, daß die Entwicklung des Lebens – und das war Ihr Trost – unendlich sei und der Tod nur der Übergang in eine neue Form des Daseins und daß die Atome, die einst eine Dichterstirn, ein begeistertes Herz bildeten, vielleicht in einer duftenden Blüte wiedererscheinen und ihre Wanderung von da in neue Menschenformen fortsetzen würden, und daß die herrlichen Gedanken, die jener Stirn entsprangen, die Liebe, die jenes Herz zu tröstenden Taten des Mitleids trieb, eingeflochten seien in die Unsterblichkeit der Lebensquelle, die von Mensch zu Mensch und von Geschlecht zu Geschlecht fortzeugend das Gute, Große, Schöne weckt.

Meine liebe Schwester und Kollegin, spielen Sie doch nicht immer mit Pedal! Eine Oktave tiefer, wenn ich bitten darf. Haben Sie das alles wirklich geglaubt? Kannten Sie keine Zweifel? Hatten Sie denn gar keinen Humor? Wo ist Ihnen das Lachen, die Selbstironie, vergangen? Bewundernd wiederholen Sie Goethes Forderung, daß der Mensch edel, hilfreich und gut sein solle. Sie bekannten sich dazu, eine Idealistin zu sein. Ich gelte als Moralistin, bin aber meiner Sache keineswegs sicher. Ich lache mich oft selber aus. Die Worte, die Sie ständig wiederholen, sind: Gerechtigkeit, Unabhängigkeit, Fortschritt, ja, vor allem Fortschritt. Wir fassen diese Begriffe heute in dem Wort Chancengleichheit zusammen. Ich zweifle – das müssen Sie mir glauben! – nicht an der Wahrhaftigkeit Ihrer Ideale! Sie selbst sind Ihrem Ziel sehr nahe gekommen. Sie hatten Erfolg als Schriftstellerin, waren damals berühmter als Friedrich Nietzsche. Sie, die Sie in jungen Jahren andere bewundert hatten, wurden später selbst bewundert. Sie konnten in Italien, dem Land Ihrer Sehnsucht, leben. Sie sind auf einem der schönsten Friedhöfe der Welt begraben, in Rom, nahe der Cestius-Pyramide. Ich habe an Ihrem Grab gestanden. Pinien und Zypressen filterten das Sonnenlicht. Ich war beeindruckt von Ihren berühmten Nachbarn: der Sohn Goethes, die Dichter Shelley und Keats! Sie, die Atheistin, die sich rühmte, keiner orthodoxen Gemeinde anzugehören, sondern der großen Gemeinde derer, die das Gute, Hohe, Schöne lieben und sich bemühen, es in sich und um sich zu verwirklichen, liegen nun auf einem Friedhof, über dessen Eingang ›Resurrecturis‹ steht – ›Denen, die auferstehen werden‹. Das war wohl nicht in Ihrem Sinne.

Würden Sie mir zustimmen, wenn ich behaupte: Nur

102

die Ungerechtigkeit ermöglicht das Glück? Sie sind als Privilegierte geboren, Sie sind als Privilegierte gestorben. Auf Kosten anderer. Sie haben ein paar Schritte auf dem Weg der Emanzipation getan. Der Gedanke, die Frau zur völligen Freiheit der geistigen Entwicklung, zur ökonomischen Unabhängigkeit und zum Besitz aller bürgerlichen Rechte zu führen, ist weitgehend verwirklicht. Die Frau hat dasselbe Recht zur Entfaltung wie der Mann, sie ist »vom Joch der Unwissenheit, des Aberglaubens, der Frivolität und der Mode« befreit. Oder doch nicht? Der Weg der Frau hat inzwischen eine andere Richtung genommen. Es geht uns heute mehr um allgemeine soziale Fragen, die Ziele sind kleiner geworden, sie gelten den Prüfungsergebnissen, der materiellen Versorgung im Alter, der Lohngleichheit, dem Schwangerschaftsabbruch. Die großen Ziele, die das eigene Ich, das Wir und die Vervollkommnung der Welt betrafen, haben wir dabei aus den Augen verloren.

Die Welt hat sich nicht in Ihrem Sinne verändert. Sie und Ihre Freunde strebten nach geistiger und seelischer Vollkommenheit. Heute strebt man nach vollkommenem Wohnkomfort, vollkommenen Kraftfahrzeugen, Badezimmern, Kinderzimmern, tadellosem Make-up. Was Sie am Ende Ihres langen Lebens befürchtet haben, ist eingetreten: Die materiellen Interessen haben die Macht über die Menschen gewonnen. Wenn wir heute von Fortschritt sprechen, was wir annähernd so oft tun, wie Sie es damals taten, meinen wir vor allem den technischen Fortschritt, und da haben wir Erstaunliches geleistet, ebenfalls im sozialen Bereich. Sie mußten sich mit Dienstboten behelfen, deren geistige Unwissenheit und ökonomische Abhängigkeit Sie zutiefst beklagt haben. Wir modernen Frauen lassen uns nicht mehr bedienen. Wir bedienen eigenhändig Haushaltsmaschinen aller

Art, und die Dienstboten von einst arbeiten in Fabriken an sogenannten Fließbändern. Das Wort abhängig benutzen wir weiterhin, allerdings im Zusammenhang mit Lohn, lohnabhängig. Diese berufstätigen Frauen sind gewerkschaftlich organisiert. Arbeitszeit, Freizeit, Mutterschutz, Stillgeld, Weihnachtsgratifikation, Arbeitslosengeld, das alles ist tariflich festgelegt und wird weiter vervollkommnet.

Entschuldigen Sie, liebes Fräulein von Meysenbug, wenn ich schon wieder von materiellen Dingen rede. Aber auch das sind Fortschritte! Jeder und jede, oder doch fast jeder und fast jede, können heute dorthin reisen, wohin früher nur die Privilegierten reisen konnten. An die Mittelmeerküsten zum Beispiel, auf die Insel Ischia. Sie würden sich da nicht mehr wohl fühlen; es wimmelt von Touristen, die zwei Wochen Ferien dort verbringen, wo Sie in gesuchter Einsamkeit und gefundener Geselligkeit Monate verbringen konnten. Es traf sich günstig, daß alle Ihre Freunde in schönen Landstrichen schöne Sommersitze besaßen, an der englischen Küste ebenso wie an den oberitalienischen Seen. Wochenlang konnten Sie dort zu Gast sein.

»Oui, c'était quelqu'un!« – wie Sie das nannten – ›Ja, er war jemand‹. Mit gewöhnlichen Sterblichen scheinen Sie wenig in Berührung gekommen zu sein, allenfalls als Wohltäterin. Vermutlich hätten Sie, hundert Jahre später, mit Sartre im ›Café Deux Magots‹ gesessen, wären bei Karajans ein und aus gegangen, aber dazu, meine Liebe, hätten Sie sehr schön und sehr jung sein und bleiben müssen. Wem hätte Ihre Bewunderung und Freundschaft heute gegolten? Wären Sie mit dem Theologen Hans Küng in einer Talk-Show aufgetreten, um religiöse Fragen zu erörtern? Ich betrachte Ihr Bild und frage mich, ob Sie Picasso gefallen hätten. Ich frage mich außerdem, ob die berühmten Männer meiner Zeit Ihre geistigen und seelischen Höhenflüge mitgemacht hätten. Hat sich der Geschmack verändert? Die Ansprüche, die Männer an Frauen stellen, haben sich jedenfalls gewandelt. Im Dritten Reich hätten Sie Ihrer sozialistischen Ideen wegen emigrieren müssen. Vielleicht wären Sie bis in die rettenden Vereinigten Staaten von Amerika gekommen; das freie Amerika gehörte doch zu Ihren unerfüllten Lebenszielen. Rücksicht auf die Gefühle Ihrer Eltern hätten Sie in unserem Jahrhundert nicht nehmen müssen, das kann ich Ihnen versichern. Vielleicht hätten Sie in der Nachbarschaft von Thomas Mann gelebt, mit Pazifik-Blick. Er würde nicht versäumt haben, seine Eindrücke über die Idealistin M. v. M. festzuhalten.

Ich versuche mir vorzustellen, daß Sie häufige und wesentliche Telefongespräche mit Heinrich Böll geführt und ihm einen Teil der Last abgenommen hätten, die er ungewollt als Gewissen der Nation tragen muß. Vermutlich würden Sie, die 48erin Ihres Jahrhunderts, zu den Sympathisanten der 68er unseres Jahrhunderts, zu diesen jungen studentischen Rebellen, gehört haben. Auch Sie waren ungeduldig, wollten Ihre Ziele zu rasch verwirklichen. Eine Hausdurchsuchung wie jene vor Ihrer Flucht aus Berlin wäre auch heute nicht ganz auszuschließen.

Einer Ihrer großen Gedanken gefällt mir, ohne daß ich je wagen würde, ihn auszusprechen. Sie hielten es für denkbar und vernünftig, daß das Eigentum mit dem Tode dessen, der es erworben hat, aufhöre. Jedes Individuum würde zur Arbeit greifen müssen. Vielen Lastern, die aus Faulheit infolge angeerbten Reichtums entspringen, würde vorgebeugt. Der Gedanke leuchtet ein, für durchführbar halte ich ihn allerdings nicht. Teilen wollen auch heute nur jene, die von einer Teilung des Besitzes profitieren würden, nicht jene, die etwas Teilbares besitzen.

Geht Ihnen meine Nüchternheit auf die Nerven, liebe Schwester? Ihr ungebrochener Idealismus tut das bei mir ebenfalls. Sie plädieren zum Beispiel für die höchste Vollendung des Menschen durch die Kunst. Die edelsten Kunstwerke sollten – nach Ihren Vorstellungen – zu so billigen Preisen dargeboten werden, daß auch die Unbegüterten an ihnen teilhaben und dadurch zur Gesittung geführt werden könnten. Das seien die wahren Kulturaufgaben der Regierungen. Hohe Kunst könne besser gegen Roheit und Verbrechen wirken als Gefängnisse und Zuchthäuser. Wie soll ich es Ihnen klarmachen, liebes Fräulein von Meysenbug? Der Strafvollzug ist humaner geworden, aber nach Bayreuth oder nach Salzburg zu den Festspielen kann man die Einsitzenden von Strafvollzugsanstalten nicht schicken. Wegen des relativ kleinen Rahmens kann nur ein auserwählter Kreis an den Bayreuther Festspielen teilhaben. Das Bedürfnis nach diesem Kunstgenuß ist zweifellos vorhanden, er stellt ein großes gesellschaftliches Ereignis dar, aber die Eintrittspreise sind zu hoch für jene, an die Sie, die an der Seite des Meisters den Uraufführungen beiwohnen konnte, die Güte hatten, immer wieder einmal zu denken.

Ich gestatte mir, Sie als eine Freundin bedeutender Männer zu bezeichnen. Sie haben die Freundschaft zu vielen Männern der Liebe zu einem einzigen vorgezogen. Liebe Malwida! Sie fangen an, mir unheimlich zu werden! Wie haben Sie es fertiggebracht, diese Männer immer zu bewundern? Konnten Sie sich diese Freundschaften nur durch ständige Bewunderung erhalten? Ich habe mir die Mühe gemacht, einmal die Beiworte zusammenzustellen, mit denen die Biographen jener großen Persönlichkeiten Sie bedacht haben. Die kluge Malwida. Die verständnisvolle Freundin. Die besonnene Ratgeberin. Die treueste, hilfsbereiteste Freundin. Die Vermittlerin bei Unstimmigkeiten und Streitigkeiten. Ihr beruhigender Einfluß wird gerühmt. Sie haben dem sterbenden Richard Wagner Beistand geleistet, der sterbenden Fürstin Wittgenstein ebenfalls. Sie müssen eine integere Frau gewesen sein. Ihr Lebenswandel ließ keinen Klatsch zu. Sollten Sie ein wenig viktorianisch-prüde gewesen sein? Wurden Sie, nachdem Ihre erste große Liebe unerfüllt blieb, mehr und mehr ein geschlechtsloses Wesen? Nach Ihrer Ansicht macht die Liebe zu einem Mann, selbst die Liebe zu einem Kind, die Frau zur Sklavin. Sie schreiben: Geschlechtsfreuden müssen im Alter geradezu widerwärtig sein, weil ihr Zweck, die Fortsetzung der Gattung, nicht mehr erreicht werden kann. Der Ersatz für das Alter ist ja die Geschlechtslosigkeit, die Ruhe vom Verlangen, die Annäherung zum reinen Geistsein, die zweite Jungfräulichkeit der Seele. Ich bin anderer Meinung, liebe Geschlechtsgenossin, ich bin für Liebe! Sie waren selig, wenn Sie Schopenhauer lasen. Ich habe es versucht und einige Seiten in seinem Hauptwerk ›Die Welt als Wille und Vorstellung‹ gelesen. Eine vergleichbare Seligkeit habe ich nicht verspürt.

Als Sie in Hamburg und später dann vor allem in London Prostituierte gesehen haben, waren Sie tief betroffen und entrüstet. Diese Unseligen mußten dem Staat eine Taxe zahlen, um ihre scheußliche Bestimmung ausüben zu dürfen! Auf diesem Gebiet hat sich viel geändert. Man sieht die armen Geschöpfe nur noch selten in den Straßen, es sind auch eigentlich keine armen Geschöpfe, die Einkünfte sind eher gut bis sehr gut. Diese Frauen haben zumeist Apartments, die Werbung findet, wie andere Werbung auch, in der Zeitung unter Angabe einiger Informationen statt: Vorname, Hautfarbe, Oberweite. Die steuerliche Beteiligung des Staates an den Einkünften aus diesem Gewerbe ist durch den Gesetzgeber noch nicht befriedigend gelöst.

Dem Körper sein Recht auf Freude zu geben bedeutet, dem Geist die Freude wegzunehmen! Ist das wirklich Ihre Ansicht, liebe Kollegin? Eine Umfrage hat vor kurzem ergeben, daß der Sex – wie wir das nennen – den höchsten Lebensgenuß verschafft. Eine Umfrage nach geistigen Freuden hat bisher nicht stattgefunden. Eine kürzlich erfolgte Erhebung unter Studenten hat erwiesen, daß die sexuell Befriedigten bessere geistige Leistungen erzielten. Es scheint sich bei Ihnen also um eine Verdrängung zu handeln. Verdrängungen hat es immer gegeben; heute werden die Ideale verdrängt. Wir benutzen das Wort ideal in anderer Bedeutung. Wir sprechen zum Beispiel von idealem Körperbau. Männliche und weibliche Schönheit wird prämiert.

Sie klagen, Sie müßten die Hoffnung mit ins Grab nehmen, daß die Frau kein Götzenbild, keine Puppe oder Sklavin des Mannes mehr sei, sondern daß sie als bewußtes und freies Wesen im Verein mit dem Mann an der Vervollkommnung des Lebens in der Familie, in der Gesellschaft, im Staat, in Wissenschaft und Kunst, an der Verwirklichung des Ideals im Leben der Menschheit arbeite. Ich vermute, liebe Kollegin, daß auch ich diese Hoffnung – sie ist ja auch meine, obwohl ich sie anders formuliere – ebenfalls mit ins Grab nehmen werde. Ein Blick auf die Titelbilder eines Zeitungskiosks würde Sie erröten, oder muß ich sagen erbleichen lassen? Über Ihre körperlichen Reaktionen haben Sie sich nie geäußert. Noch immer legen sich reiche Männer schöne und junge Frauen zu wie Schmuckstücke. Frauen benutzen ihren entblößten Körper wie Litfaßsäulen zu Werbezwecken und dokumentieren damit ihre neugewonnene Freiheit.

Wir reden heutzutage ganz offen über Sexualität. Für Schriftsteller, auch Schriftstellerinnen, ist es ein Hauptthema, und natürlich für die Leser ebenfalls. Das Interesse an diesem Thema ist in allen Bevölkerungsschichten gleich groß. Auch in Ihrem Jahrhundert hat es nachweislich Sexualität gegeben, biologisch hat sich der Mensch seither nicht wesentlich verändert oder vervollkommnet. Die Änderungen liegen im Gesellschaftlichen. Es leben viele Paare in freiwilliger, unlizensierter Gemeinschaft miteinander. Vermutlich würde Ihnen ein solcher Bund, der auf Unabhängigkeit und Selbständigkeit beruht, gefallen. Leider ist aber auch diese Form des Zusammenlebens kein Garant für Glück; nicht ideale, sondern materielle Erwägungen sind in der Regel ausschlaggebend.

Mehrfach, verehrte Schwester, haben Sie geäußert, die Frau solle nicht dem Mann gleich werden, sie solle nicht dessen Brutalität nachahmen, sondern ihm helfen, sich von allem Schlechten zu befreien, für die große Kulturarbeit der Menschheit. Sie wollten die Frauen und Mütter durch die Entwicklung ihrer geistigen Fähigkeiten würdiger machen, damit sie nicht nur die Erzeugerinnen, sondern auch die geistigen Bildnerinnen der Jugend werden könnten. Wie habe ich das zu verstehen? Keine eigene Karriere für die Frau? Was soll diese umfassend gebildete Frau tun, wenn ihre Kinder erwachsen sind und das Elternhaus verlassen haben? Sich ausschließlich um die Verfeinerung ihres Mannes kümmern? Unentgeltlich für die Vervollkommnung der Menschheit arbeiten? Auf eigenes Einkommen verzichten? Auf das eigene Auto? Das eigene Bankkonto? Auf Auslandsaufenthalte? Ihre Gleichungen gehen nicht auf. Ich muß schon wieder Wasser in Ihren reinen Wein gießen. Gerade die ökonomische Unabhängigkeit der Frau haben Sie doch oft gepriesen. Was das Ökonomische anlangt, so sind wir sehr viel weiter gekommen.

Dem brutalen Zeugungstrieb des Mannes, wie Sie es nennen, wollten Sie durch gesteigerte Bildung und Befähigung zu geistiger Produktion eine edle und natürliche Schranke setzen, damit weniger und edlere und vollkommenere Exemplare der menschlichen Gattung produziert würden. Die höchsten Typen müßten sich zusammenfinden. An dieser Stelle habe ich die Lektüre abgebrochen. Hören Sie, liebes Fräulein von Meysenbug! Ihre Ansichten sind elitär! Was Sie da vorschlagen, ist Zuchtauswahl! Sie versuchen, sich durch einen Hinweis auf die griechischen Götter zu rechtfertigen, die den Verkehr mit den edelsten Menschen gesucht hätten. Ihre Gedankengänge wurden im sogenannten Tausendjährigen Reich, das allerdings nur zwölf Jahre dauerte, aufgegriffen. Das ist Geist von Nietzsches Geist! Es hat solche Zuchtanstalten für rassisch hochwertige Menschen gegeben. Ob die Ergebnisse Ihren Ansprüchen genügt hätten, wage ich zu bezweifeln. Und was nun den brutalen Zeugungstrieb anlangt, so ist er heutzutage und hierorts unter Kontrolle, die sogenannte Geburtenkontrolle, gebracht worden.

Ich kenne Ihre Gegenargumente! Die Natur selbst sei aristokratisch. Sie gehe im Pflanzen- und Tierreich sparsam um mit den vorzüglichsten Organismen, ebenso wie bei den Menschen mit großen Geisteshelden. Mit der Masse dagegen sei sie verschwenderisch, als läge ihr nichts daran, daß Tausende untergingen, ohne nur einmal einen Moment der Gottähnlichkeit gefühlt zu haben. Und trotzdem, meine Liebe, beharren Sie auf dem Fortschritt für alle?

Heute hat man sich gegen das aristokratische Prinzip der auserwählten Begabungen entschieden und für das

110

demokratische: gefördert wird jeder, ob er will oder nicht. Wir bieten den jungen Menschen beiderlei Geschlechts Chancengleichheit und versuchen damit, die Ungerechtigkeiten der Natur und der Herkunft weitgehend auszugleichen. Jeder kann Ansprüche stellen, an die Eltern, die Schule, die Kirchen, den Staat. Alle haben alle Rechte! Haben Sie wirklich angenommen, der einzelne müsse zuallererst einmal Ansprüche an sich selber stellen? Man müsse zunächst nach den Pflichten und dann erst nach den Rechten fragen?

Sie sind eine hoffnungslose Utopistin! Lassen Sie sich das von einer jener glücklichen Schwestern sagen, die ebenfalls eine Utopistin ist.

(1983)

# Zu Hause

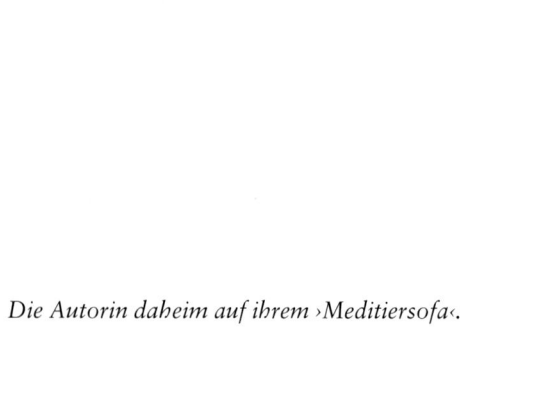

*Die Autorin daheim auf ihrem ›Meditiersofa‹.*

# 232 Quadratmeter Grundbesitz

Laut Liegenschaftsbuch Nr. 2119, Grundbuch-Band 91, Blatt 2474 des hessischen Katasteramtes Kassel gehören mir 232 Quadratmeter Erde, von denen etwa ein Drittel mit einem eigengenutzten Eigenheim bebaut ist. Weder Zaun noch Mauer trennt es von ähnlichen Grundstükken, nur Buschwerk. Flieder, Rosen, Goldregen. Das meiste blüht ohne mein Zutun; manchmal bleibt jemand stehen, von dem ich annehme, daß er mich beneidet.

Ich habe »gehören mir« mit Bedenken geschrieben. Das Lexikon sagt: »Eigentum umfaßt besonders die Befugnis, die Sache nach Belieben zu gebrauchen, sie zu veräußern, zu belasten oder auch zu zerstören und jeden anderen von jeder Einwirkung auszuschließen. Eigentum erstreckt sich auf den Raum über der Oberfläche und auf den Erdkörper unter der Oberfläche, so weit das Interesse reicht.«

Wie weit reicht mein Interesse?

Ich könnte dieses Grundstück veräußern; zur Zeit mit hohem Gewinn, der Wert hat sich, seit es mir gehört, verdreifacht. Ich frage mich: Können zwei Menschen 232 Quadratmeter der überbevölkerten Erde für sich beanspruchen? Oder wenn es gar 2000 Quadratmeter wären? Wenn ich es nicht selbst verdient, sondern ererbt hätte? Wenn das Grundstück nicht an einem Gartenweg, sondern an einem Seeufer läge und anderen den Zugang zum Wasser versperrte? Wenn von Enteignung zugunsten der Allgemeinheit die Rede wäre? Wenn die öffentlichen Interessen meinen persönlichen Wünschen entgegenständen?

Laut Grundgesetz ist Grundbesitz sozialgebunden. Aber wer hält sich daran? Es wird doch nicht wieder heißen sollen, daß Gemeinnutz vor Eigennutz geht? Schlagworte der nationalsozialistischen Zeit; zerschlagene Worte.

In vielen Wohnungen stehen Globen, die die politischen Grenzen der Erde aufzeigen, die Besitzverhältnisse deutlich und farbig abgegrenzt. Beleuchtet man den Globus von innen, werden die physikalischen Markierungen sichtbar, der Naturzustand: blaue Meere, grüne Tiefebenen, braune Gebirge. Kein isländisches Fischereirecht ist erkennbar. Der Rhein ist niemandes Fluß und niemandes Grenze, die Besitzverhältnisse sind aufgehoben, Dreitausender triumphieren über Kohlenhalden.

Es wäre ein weiterer Globus denkbar, einer, auf dem die wahren Eigentumsverhältnisse sichtbar werden. Es gehört ja der Grund und Boden nicht dem Staat, sagen wir, der Bundesrepublik Deutschland, zumindest nur zu einem kleinen Teil, auch nicht den Ländern oder den Gemeinden, sondern es gehören 3400 Quadratmeter einem gewissen Fritz Schmidt und 24 000 Quadratmeter einer gewissen Witwe Anni Kleinholz, und auch meine 232 Quadratmeter Hessen müßten auf einem solchen Globus sichtbar werden – da wird es grotesk.

Irgendwo ist immer noch ein Stück Erde zu haben, in Kanada beispielsweise, sogar mit Seeufer. Irland oder Florida, verheißungsvolle Namen. Ein Stück der Insel Tinos mit Ölbaum und Zikaden, karstiges Griechenland mit nichts als Disteln, aber der Blick zum Meer unver-

*Christine Brückner und Otto Heinrich Kühner vor ihrer klei-*
*nen ›Dichterwerkstatt‹ am Tag der Eheschließung im Jahr*
*1967.*

baut. Unsere Sehnsüchte lassen sich mobilisieren und im-
mobilisieren. Dort erst ist es schön, wo ein Stück Land
uns gehört, ein Stück Erde, das wir einzäunen, woran
wir unseren Namen schreiben können. Für drei Wochen
im Jahr könnte man dort ein Zelt aufschlagen, irgendwann ein Haus bauen, für drei Wochen im Jahr. Erst-
wohnung, Zweitwohnung. Man könnte es vermieten,
mit Rendite, oder in einigen Jahren mit Gewinn verkaufen. Weitere 2000 Quadratmeter für die Witwe Kleinholz, und für mich am besten eine Insel in den Sporaden,
ich will mich nicht ausschließen.

Wieviel Erde steht uns eigentlich zu?

Natürlich fällt mir nun die Geschichte vom Bauern Pachom ein, die Lesebuch-Geschichte von Tolstoi: Pa-

chom, der mehr Land besitzen will und deshalb zu den Baschkiren geht, die ihm so viel Land anbieten, wie er an einem Tag umschreiten kann, für nicht mehr als tausend Rubel. Er muß nur am Abend dort wieder ankommen, wo er am Morgen seinen Gang begonnen hat. Pachom macht sich auf den Weg, geht schneller, immer schneller, er weiß: Je schneller er geht, desto mehr Land bekommt er. Am Ende rennt er um sein Leben, kommt erschöpft am Ziel – am Anfang also – an und fällt tot um. Sein Knecht gräbt ihm ein Grab, genauso groß, wie Pachom es braucht, drei Arschin lang.

Es könnte einem auch das Brecht-Gedicht ›Mein Bruder war ein Flieger‹ einfallen. »...Und Grund und Boden zu kriegen, ist / Bei uns ein alter Traum. / Der Raum, den mein Bruder eroberte, / Liegt im Guadarra-Massiv. / Er ist lang einen Meter achtzig / Und einen Meter fünfzig tief.«

Mit nichts kommt man auf die Welt, mit nichts verläßt man die Welt, und in der Zwischenzeit trachtet man danach, Besitz zu erwerben. Was für ein Mißverhältnis zwischen dem, was man besitzen möchte, und dem, was man braucht! Eine Grabstätte erwirbt man für dreißig Jahre und ein Grundstück nicht auf Lebenszeit, sondern für ewig. Wenn es um die Erde geht, berufen sich auch Atheisten gern auf die Genesis: »Seid fruchtbar und mehret euch und füllet die Erde und machet sie euch untertan.« Wir haben uns bis zur Überbevölkerung vermehrt, und ›fruchtbar sein‹ ist zum Weltproblem geworden. Wir haben die Wälder abgeholzt, aber auch Wüsten bewässert. Wir haben Erdteile missioniert, kolonisiert und Kriege um sie geführt, aus Glaubensgründen und aus Besitzstreben. Wir haben im Erdinneren nach Erz und Kohle, Gold und Uran gegraben; wir schicken Raumschiffe und Raketen ins Weltall. Plantagen und Schlachtfelder. Überfluß und Armut. Pestalozzi nannte die Erde »ein Erziehungshaus der Menschheit, in dem man lernen muß, miteinander auszukommen«.

Tausend Jahre lang galt bei uns die Hufe als Flächenmaß, sie umfaßte 30 bis 60 Morgen Land, so viel, wie eine Familie an Nutzungsfläche zum Leben benötigte. Diese Grund-Ordnung war einleuchtend, aber sie gilt nicht mehr. Es gab und gibt viele Möglichkeiten, Land zu erwerben, mit Waffengewalt und durch Handel. Und mit allem kann man doch Handel treiben, mit Mobilien und Immobilien, eine ganze Berufssparte nennt sich so: Immobilienverkäufer. Als könne man unbegrenzt Erde produzieren und verkaufen. Dabei kann man doch immer nur wieder dasselbe Stück Land verkaufen, möglichst jedesmal etwas teurer. Immobilien sind wertbeständig, und wertbeständig bedeutet im heutigen Sprachgebrauch Wertzuwachs, möglichst über Nacht, ohne Eigenleistung.

Seit dem 18. Jahrhundert wird bereits von ›Bodenreform‹ geredet. Adam Smith stellte die These auf: Der Mensch, der kein Eigentum erwerben darf, kann auch kein anderes Interesse haben, als soviel wie möglich zu essen und sowenig wie möglich zu arbeiten. Und Proudhon schreibt in seiner berühmten Schrift ›Qu'est-ce que la propriété?‹: »Eigentum ist Diebstahl.«

Zwischen diesen Polen gehen die Meinungen noch immer hin und her.

Wieviel Erde braucht der Mensch, um sich entfalten zu können, ohne seine Mitmenschen mit einem Schild ›Privat‹ zu behelligen? Gehört ihm wirklich die Erde? Reicht eine Eintragung im Grundbuchamt aus? Kann er mehr als ein Nutzungsrecht erwerben?

Wintergedanken. Noch liegt Schnee auf diesen 232

Quadratmetern Erde, die ich liebe, für die ich zuständig bin. Forsythia und Hyazinthen bereiten sich auf den Frühling vor.

(1981)

# In meiner Küche

In meiner Küche gibt es keine Waage. Aber auch im Badezimmer: keine Waage. Wer da Zusammenhänge vermutet, vermutet recht. Keine Uhr! Nicht in der Küche, nicht auf dem Schreibtisch; auch kein Wecker, weder hier noch dort.

Kochbücher lese ich aufmerksam wie andere Bücher. Was für schöne Überschriften: »Mirabell mit Spargelspitzen«! Jedes Foto ein Stilleben. Während des Lesens denke ich: Ah, das klingt gut, das werde ich versuchen. Aber schon beim Hervorholen der Zutaten weiche ich aus. Reis? Wären da Nudeln nicht besser? Ich muß eine tiefgründige Abneigung gegen Rezepte haben, gegen Richtlinien, Parkordnungen, gegen jede Befehlsform: Man nehme! Die Kochbücher stehen im Arbeitszimmer, griffbereit in der Küche steht keines.

Diese Küche ist ein Experimentierfeld, eine Versuchsküche. Angaben in Gramm und Liter nutzen mir nichts. Ein Schuß Kräuteressig, eine Prise frischen Pfeffer, eine Messerspitze Salz, das sind die mir gebräuchlichen Maße. Eine Handvoll Champignons, ein paar Oliven, ein Schuß Cognac, einige Walnüsse; kaum ein Gericht, dem diese Zutaten nicht guttäten. Ein Zweig Rosmarin, am Weg zum Castel del Monte in Apulien gepflückt und in Olivenöl getaucht und damit das blasse Fabrikhähnchen eingepinselt: Was wird da an Erinnerungen geweckt! Aus allem, was grünt, kann man Salate machen: Kresse, Fenchel, Chicorée, Rapunzel, Löwenzahn; und alles verträgt sich miteinander. Dem Mutigen gehört die Küche! An die Marinade heute einen Löffel Senf, morgen Meerrettich. Gehackte Sellerieblätter an den Treibhaussalat.

Nichts geschieht in meiner Küche automatisch, selbsttätig bin nur ich. An Geräten gibt es ein Küchenmesser, einen Schneebesen und eine Handmühle, mit der ich Nüsse, Rettiche oder Äpfel zerkleinere. Zum Teigkneten und Salatmischen benutze ich die Hände. Wenn jemand sagt: Diese Süßspeise ist ja ein Gedicht, frage ich mich natürlich, womit er dann meine Gedichte vergleicht, mit einer Schokoladenspeise?

Manchmal bittet mich eine Freundin: »Kann ich das Rezept vom griechischen Hirtenbrot bekommen? Vom Zigeunersalat? Der Fleischpastete?« – »Oh«, sage ich dann, »ich lebe und koche ohne Rezept, aufs Geratewohl.«

Wenn mir am Schreibtisch nichts einfällt, gehe ich in die Küche und backe einen Kuchen oder koche Kirschmarmelade. Der Weg zum Schreibtisch führt durch die Küche und zurück.

Pünktlich in die Küche, pünktlich an den Schreibtisch! Ich schreibe und koche in kleinen Portionen; dabei bleiben die Bücher und die Autoren schlank; darauf lege ich Wert. Hin und wieder schenkt mir jemand eine Eieruhr. Eine Weile steht sie dann auf dem Schreibtisch. Wie doch die Minuten verrinnen! Wie Sand. Was einem eben so einfällt bei Sanduhren, und dann stelle ich sie zu den anderen in den Schrank. Die Eier setze ich weiterhin mit kaltem Wasser auf und lasse sie ›ein Weilchen‹ kochen, eine Zeitangabe, die auch dem Bedürfnis meines Mannes nach Genauigkeit genügt. Nichts, was klingelt oder pfeift. Antreiben lasse ich mich nicht!

Ich bin keine Frau, die gern aus dem vollen schöpft. Der gefüllte Kühlschrank macht mich eher ratlos, verpflichtet zu Perfektion. Die Phantasie entzündet sich am Mangel. Als ich eine Nebenher-Hausfrau wurde – es war in den Notzeiten der Nachkriegsjahre –, backte ich ein Weihnachtsgebäck, das wir ›Ohne-alles-mit-Essig-Plätzchen‹ nannten. Das Ei, das in den Teig gehört, konnte man durch Milch ersetzen, die Milch durch Magermilch, die Magermilch durch Wasser; Weizenmehl konnte durch Roggenmehl ersetzt werden, der Zucker durch Süßstoff, die 50 Gramm Fett konnten weggelassen werden, nur der Essig, der war unerläßlich. Ohne-alles-mit-Essig-Plätzchen, hauchdünn und knusprig.

Vor Weihnachten hole ich Oetkers Backbuch aus dem Regal und auch das Quempas-Heft mit den Weihnachtsliedern, das gleich daneben steht. Das Backbuch ist nach zwanzig Jahren noch ansehnlich, obwohl ich in jedem Jahr die Guten Elisen, Vanillekipfel und Zimtsterne backe. Aber das Quempas-Heft! Da sind die Seiten fettig, weil ich beim Zubereiten des Teigs nach den Strophenanfängen suchen muß. »Was soll das bedeuten, es taget ja schon«, singe ich und gebe noch einen Schuß Rum in den Teig. Ich backe Weihnachtslieder ins Weihnachtsgebäck.

Wenn wir verwöhnte Verleger oder Lektoren zu Gast haben, bleibe ich unbekümmert. Was kann schon passieren? Entweder sie sagen: Kochen kann sie besser! Oder: Schreiben kann sie besser! Dieses Entweder-Oder macht mich leichtsinnig.

Einfallslosigkeit in der Küche werte ich wie Einfallslosigkeit am Schreibtisch. Was soll ich denn kochen? Was soll ich denn schreiben? Bei einem so reichen Angebot an

Zutaten und Schicksalen! Wenig Themen, aber unendlich viele Variationen.

Jedoch auch mich überfällt manchmal Verzagtheit: Was ich herstelle, wird so rasch gegessen, so rasch gelesen, ist so rasch abgetan. Immer wieder Fehlschläge, mal hier, mal dort; aber täglich die Möglichkeit, die Schlappe, die ich hier erlitt, dort auszumerzen.

Ich koche gern und ich esse gern. Ich schreibe gern und ich lese gern. Herstellung und Verbrauch sind mir gleich wichtig.

(1981)

# Mein Schreibtisch

Die Frage ›Warum denn ausgerechnet Kassel?‹ soll hier nicht erörtert werden, nur soviel: Das Angebot an Natur ist groß, das Angebot an Kultur ausreichend, wichtiger als beides sind die Freunde, die uns hier halten.

Laut Grundbuchamt gehören uns 232 Quadratmeter Nordhessen; die bebaute Fläche schätze ich – die überdachte Südterrasse zugerechnet – auf 85 Quadratmeter. Das scheint mir für zwei freiberufliche Schriftsteller nicht zuviel zu sein. Das Haus wird nie anders als ›das Häuschen‹ genannt, es ist innen etwas größer, als es von außen den Anschein hat; links und rechts hängen, etwas versetzt, die gleichen Häuser daran. Das Viertel nennt sich ›Gartenstadt Auefeld‹ – die Omnibusse der Stadtrundfahrt fahren regelmäßig vorbei, was einem Lob für die Architekten gleichkommt. Keine Garage, kein Auto: wir sind Fußgänger. Doppelfenster zur Straße hin; seither hören wir morgens weder die Vögel singen noch die Glocken läuten, womit wir nicht gerechnet hatten.

Die Arbeitszimmer gehen zum Garten; auch vom Garten kann man nur in der zärtlichen Verkleinerungsform reden: ein Gärtchen, ein grünes Zimmer, von Büschen und Bäumen umgeben, nicht eingezäunt. Wenn ich den Blick vom Schreibtisch hebe, sehe ich blühende Rosen, eine veilchenfarbene Klematis, einen üppig wuchernden

Lorbeerstrauch, am Pomeranzenbaum reifen die Früchte zu hessischer Süße. Lavendel sorgt für provenzalische Düfte, zwei Schwarzwaldtannen nähren die Heimatgefühle meines Mannes, der Goldregenbaum wächst in den Himmel. Vor fünf Minuten hat ein Gimpelpärchen in der Vogeltränke ausgiebig gebadet.

Das Gärtchen wird oft gelobt und selten gejätet. Den Nachbarskindern, die auf dem Fußweg hinterm Garten manchmal spielen, wird es nach zehn Minuten langweilig, mit ihnen haben wir mehr Geduld als mit den Nachbarhunden. Ich vermute, daß man Rücksicht auf die beiden Schriftsteller nimmt: Gelegentlich hören wir, daß Kinder mit einem ›Pssst‹ zur Ruhe ermahnt werden.

Mit dem Arbeitszimmer meines Mannes verbindet mich eine doppelte Bücherwand, von ›trennen‹ kann man nicht reden. Kühner behauptet, das Klappern meiner Schreibmaschine störe ihn nicht, aber wenn ich vormittags lange Zeit Briefe schreibe, ruft er: »Fang endlich an zu arbeiten!« Zurufe gehen hin und her, sachliche, die grammatikalische Fragen betreffen, unsachliche, das wohltuend heitere Zusammenleben betreffend. Die Schreibmaschine wird ›Elektra‹ genannt, weil sie elektrisch läuft; wir hadern miteinander, weil sie ungeduldig surrt, wenn mir nichts einfällt, und sich nicht rührt, wenn ich schreiben will und vergessen habe, sie wieder einzuschalten.

Der Schreibtisch, Typ WKS, stammt aus dem Jahr 1953, Afrikanisch-Nußbaum-furniert, Kaufpreis DM 100,–. An ihm wurde bereits der erste Roman geschrieben. Man sieht ihm die vielfache Benutzung an, Gläser und Kaffeetassen haben Ringe hinterlassen. Unter der verstellbaren Schreibplatte stehen griffbereit die nötigsten Nachschlagewerke, vom Sprachbrockhaus bis zum ›Auszug aus der Geschichte‹, dem ›Ploetz‹. An allen vier

*Im Arbeitszimmer der Autorin zusammen mit Otto Heinrich Kühner und dem Herausgeber.*

Wänden Bücher, wohlgeordnet; ich bin eine gelernte Bibliothekarin. Die Bücher der lebenden Schriftsteller habe ich, soweit es sich um Schöne Literatur handelt, von den toten getrennt. Wer gestorben ist, darf am Ende des Jahres in die Nekropole der Klassiker umziehen, einige kommen jedoch ins Souterrain, wo es einen weiteren Arbeitsplatz, ohne Telefon, gibt. Zwischen den Buchregalen hängen die Bilder der malenden Freunde, aber auch eine Ikone: ›Der heilige Nikolaus erscheint Schiffern in

Seenot‹, eine Reproduktion, ein Tröstebild. Nebenan hängt eine Ikone, die Kühner als einzige Kriegsbeute aus einem abgebrannten russischen Dorf mitgebracht hat. Ein paar Familienbilder, darunter der Urgroßvater, Hofprediger und Heimatdichter im Thüringischen; neuerdings hängt dort auch eine Graphik von Horst Janssen: Theodor Fontane, dessen ›Enkelin‹ ich sein soll, wie einige der Rezensenten meiner ›Poenichen‹-Romane behauptet haben. Von der Decke schwebt ein handspannengroßer bemalter Zaubervogel herab. Ein kleines schwarzes Sofa, ›Meditiersofa‹ genannt, auf dem ich liege und lese; Sessel für die Besucher, denn dieses Zimmer ist auch das Wohnzimmer, das Fernsehzimmer, das Gästezimmer... Wenn es uns in Kassel zu hessisch-harmlos wird, gehen wir auf Reisen, mieten ein Haus, meist steht es auf einer Insel, die dann später zum Schauplatz eines Buches wird: Ägina, Patmos, Elba, Ischia, Hvar, Juist...

In der Fremde vergeht mir das Lesen und Schreiben; ich kämpfe gegen das Fremdsein an, während Kühner sich nicht irritieren läßt. Mehr als flüchtige Einfälle bringe ich nicht zu Papier. Schreiben, wirklich schreiben, kann ich nur hier an diesem Schreibtisch: WKS, Afrikanisch Nußbaum, Baujahr 1953.

(1979)

# Im Schatten des Birnbaums

(Ferien zu Hause)

Waren Sie schon im Urlaub? – Wohin fahren Sie denn? – Ihr bleibt zu Hause? Offenkundiges Befremden, unverhohlenes Mitleid. Man bedauert uns, weil wir die 232 Quadratmeter Erde, für deren Aussehen wir laut Eintragung im Katasteramt zuständig sind, jetzt nicht verlassen wollen. Kein Zaun, nur eine Hecke markiert deutlich unsere Besitzansprüche. Keiner, den wir nicht ausdrücklich dazu auffordern, wird das Gelände betreten. Eine Birke überragt das Haus. Wacholder und Rosen; auch an Lorbeer fehlt es uns nicht. An der Hauswand eine lilafarbene Klematis, die sich in einer geeigneten Vase zur Orchidee steigern läßt. Hohes Buschwerk; niemand kann den Garten einsehen. Auf dem Rasen (5 × 10 m) bin ich ohne Konkurrenz. Keine Frau ist jünger oder schöner oder schlanker als ich. Dieser Garten ist ein Paradies.

Die Terrasse, ebenerdig (3 × 4 m), bietet Sonne oder Schatten, beides zu seiner Zeit. Einen hessischen Sommermorgen macht uns so leicht keiner nach! Frühstück im Grünen. Deutschsprachig. Honig, weichgekochtes Ei, Toast, ostfriesischer Tee, in der Kanne aufgebrüht und rechtzeitig abgegossen. Die Terrassentür ist weit geöffnet, damit wir Musik hören können; der Plattenspieler ist auf Gartenlautstärke eingestellt, Stereo. Sommermusik: provenzalische Hirtenlieder, griechische Volksmusik oder mein Frühstückslieblingslied: ›Oh, what a beautiful mornin', oh, what a beautiful day‹, aus dem Musical ›Oklahoma‹. Die Tageszeitung vom Tag der Ausgabe, pünktlich um 6 Uhr 30 zugestellt. Mit uns frühstücken die Amseln, sie sind längst domestiziert und erwarten, daß wir sie nicht nur im Winter ernähren. Vollkornbrot, gekochter Schinken. Sie lassen nichts aus, stopfen sich die Schnäbel voll und befördern die Beute zu ihren Jungen, die aufgeplustert unterm Fliederbusch hocken und die Schnäbel aufsperren. Im Frühling saß das gelbschnäblige Männchen auf dem Dachfirst und schmetterte seine Werbesongs. Jetzt hat es, was es haben wollte: ein Weibchen und drei Junge dazu. Jetzt beschränkt es sich auf Warn- und Lockrufe. Die Wespen frühstücken ebenfalls mit uns. Sie tauchen auf, bevor noch das Tablett auf dem Tisch steht. Sie sind denaturiert, statt sich Nektar aus dem rosa duftenden Phlox zu holen, nehmen sie Kalbsleberwurst zu sich. Seitdem scheinen sie friedlicher geworden zu sein. Proteine gegen Aggressionen. Unsere Radiomusik erhält Konkurrenz: Die Übernachbarn hängen den Vogelkäfig an die Sonnenseite des Hauses, und da brilliert der Kanarienvogel nun mit seinen endlosen Rezitativen, unabhängig von Jahreszeit und Geschlechtstrieb, schmettert seine Arie, daß man sich in einer neapolitanischen Gasse wähnt.

Die Vorzüge des eigenen Hauses sind augenfällig. Kein Streik beim Dienstpersonal. Wir bringen ohne Murren unsere Schlafzimmer selbst in Ordnung. Mein Bett: durchgehende Matratze, Federkern, Länge und Breite meinen Wünschen entsprechend; Daunensteppdecke oder Laken, je nach der Temperatur. Die Kleider hängen griffbereit und gebügelt im Schrank, Wolle oder Baumwolle. Die sanitären Einrichtungen: Bad, Dusche, WC.

Die Abflüsse in Ordnung, auch die Warmwasserversorgung. Sollten kalte Tage kommen, brauchen wir nur am Thermostat der Ölheizung zu drehen. Die Küche ist durchgehend geöffnet. Kirschkaltschale, eine Portion rote Grütze mit Milch – so etwas findet man immer im Kühlschrank. Bedienung oder Selbstbedienung, nach Wahl. Keine Trinkgelder! Der Whisky – on the rocks, kurz oder lang – kostet in keinem Fall mehr als DM 0,80. Jalousien filtern das Sonnenlicht und geben den Arbeitszimmern ein wohltuend gedämpftes Licht. Arbeitsklima. Schriftsteller können ihren Beruf zu jeder Zeit ausüben, unbehindert von Betriebsferien, Streiks, Sonntagen, Schlechtwetter. Von keinem Telefonanruf gestört, sitzen wir im August an unseren Schreibtischen. Kein Verlag, keine Rundfunkanstalt, niemand ruft uns an. Man vermutet uns überall, nur nicht zu Hause.

Unsere Schreibtische haben eine angenehme Größe und die richtige Höhe, ebenso der Schreibtischstuhl. Der Blick geht ins Grüne. Alles ist vertraut, nichts lenkt mehr ab. Die Bücher stehen in Reichweite. Wir sind nicht angewiesen auf ein paar, meist ungeeignete, Bücher, die man im Koffer mitgenommen hat oder die man in den Hotelpensionen für die Gäste bereithält. Zum Nachschlagen steht der zwanzigbändige ›Große Brockhaus‹ zur Verfügung. Wer nimmt dieses Werk mit in seine Ferienwohnung? Selbst Leute mit einem Mercedes 300 oder einem Wohnanhänger nicht. Mein Schaukelstuhl steht unter der Stehlampe (220 Volt, 200 Watt). Einen solchen Leseplatz finde ich nirgendwo, auch nicht für DM 90,– Vollpension.

Doch noch ein Anruf, der einzige an diesem Vormittag! Freunde brechen zu einer Kreuzfahrt auf. Mit einem russischen Dampfer ab Wien, donauabwärts, Schwarzes Meer, Odessa. Ihr Auto bleibt hier. Sie wollen es uns zur Verfügung stellen, damit wir ›beweglicher‹ sind. Fußgänger werden mehr und mehr zum Ärgernis. Wir sind eine Herausforderung für unsere Freunde; sie wittern eine Weltanschauung hinter unserem Konsumverzicht. Wir haben in der Tat etwas gegen Autos, in denen wir nicht selber sitzen. Jetzt in der Ferienzeit gähnen auf dem Parkplatz vor unserem Haus große Lücken. Morgens bleibt es lange ruhig, kaum einer fährt noch früh zur Arbeit. Erst am späten Vormittag werden einige Wagen für die Fahrt ins Schwimmbad bepackt, zu dem man zu Fuß zwanzig Minuten durch einen der schönsten Parks gehen müßte, vorbei an einem See mit schwarzen und weißen Schwänen, Wasserhühnern, an schattigen Rasenflächen mit Hasen, Eichhörnchen, radschlagenden Pfauen. Mit dem Auto kann man den Park in wenigen Minuten umfahren, muß dann allerdings vom Parkplatz zum Schwimmbad auf einer Asphaltstraße gehen.

Die Post: An jedem Morgen sind wir überrascht, daß sie noch immer ausgetragen wird, wo doch nur Ansichtskarten kommen und ein paar Drucksachen, von Firmen, die uns Öltanks aus Aluminium anbieten. Postkarten von überall her. An der Costa Brava oder auf Mallorca ist in diesem Jahr keiner, den wir kennen. An der Adria erst recht nicht. Unsere Freunde sind anspruchsvoll geworden. Die Inseln, die sie aufsuchen, werden immer exklusiver. Skiathos zum Beispiel. Ich sehe mir auf der Ansichtskarte die Bucht an: blaues Meer, weißer Strand, Schirmpinien – Mittelmeer-Klischee! Ich lese den Text. »Die schönste Terrasse der Insel! Das Panorama! Der Duft der Seekiefern! Die blühende Macchia! Uzo! Der Seewind! Die Zikaden!« Ich werde dem Absender ein Blatt Papier mit Ausrufungszeichen schicken müssen. Per Luftpost! Ich betrachte unseren Birnbaum und sage: Auch

*»Ferien zu Hause« im Garten.*

schön! Manch einer würde von weit her kommen, um diesen Birnbaum zu sehen, dessen Früchte von Tag zu Tag dicker werden, grün wie Avocados. Worin unterscheidet sich bei 35 Grad und geschlossenen Augen der Schatten eines Birnbaums von dem einer Pinie? Das möchte ich wissen! Am Rand der Karte steht: »Vor der Rückfahrt graut mir! Diese Charterflüge! Der Flughafen in Ffm!«

Soeben nimmt ein Dompfaffenpärchen in der Vogeltränke ein Vollbad. Hänflinge, Spatzen und Amseln halten die Trinkschale für eine Vogelbadeanstalt. Alle paar Stunden kippe ich den Sand heraus und fülle Wasser nach. Ich könnte jetzt gar nicht von hier weg.

Kein Rasenmäher stört die Mittagsstille. Die Nachbarn sind fort; aber auch bei denen, die zu Hause geblieben sind, wächst der Rasen nicht. Es ist zu trocken. Ruhige Zeiten für den Gartenbesitzer. Man könnte ein wenig hacken und zupfen, aber man muß nicht. Der Garten braucht Ruhe nach der Anstrengung des Treibens und Wachsens und Blühens. Auch wir müssen uns vor Überanstrengung hüten, denn wir sind ohne ärztliche Versorgung. Unsere Hausärztin weilt zur Kur in Bad Kohlgrub. Ihr Vertreter hat vier Praxen zu versorgen. Unser Zahnarzt verbringt seine Ferien bei einem Jagdfreund in der Eifel. Unser Friseur ist in Jugoslawien, Insel Raab; mein Mann stutzt sich den Bart selbst. Auch das Glaubensleben ruht. Kein Gesprächskreis im Pfarrhaus mehr, erst im Oktober wieder. Keine Mittwoch-Abend-Andachten. Nur noch das Nötigste an Gottesdiensten, Beerdigungen und Taufen. Geläutet wird automatisch. Die Wochenzeitungen beanspruchen nur noch die halbe Lesezeit. Weniger Anzeigen, weniger Text.

Ab 14 Uhr leide ich unter Halluzinationen: Meeresbrandung. Felsenküste. – Geh doch ins Schwimmbad! sagt mein Mann. – Kommst du denn mit? frage ich. Er lehnt ab. Schwimmbäder mag er nicht. Wo du nicht hingehst, da will ich auch nicht hingehen, sage ich. Buch Ruth! – Er verbessert mich: Ruth wollte dorthin gehen, wo ihre Schwiegermutter hinging. – Ich sage: Eben! und gehe unter die Dusche. Wenn der Tag kühl ist, beschließen wir, eine Wanderung zu machen, rufen uns ein Taxi, lassen uns an den Waldrand fahren, dorthin, wo der schönste der Wanderwege beginnt. – Achttausend Mark für die Anschaffung eines Wagens gespart, sagt mein Mann und rundet den Fahrpreis auf 7 Mark auf.

Hin und wieder gehen wir zum Paddeln an die Fulda,

leihen uns ein Boot, was DM 2,50 pro Stunde kostet, lassen uns flußabwärts treiben, hängen abwechselnd Arme und Beine ins Wasser. Dann wenden wir, paddeln gegen den Strom, legen uns ins Zeug, sind sportlich. Ein Abstecher dorthin, wo sich der Fluß mit Hilfe ehemaliger Kiesgruben zu kleinen Seen mit buschigen Ufern weitet. Pappeln, Weiden und Erlen werfen ihre Schatten, verdunkeln das Wasser. Ein Blick noch auf den Campingplatz, wo man unter beschwerlichen Umständen warme Mahlzeiten auf Trockenspiritus herstellt. Dann geben wir das Boot beim Verleiher wieder ab. Keine Anschaffungskosten, keine Unterhaltskosten, keine Unterbringungsschwierigkeiten. – Der Mensch will allzu oft das besitzen, was er auch ausleihen könnte, stelle ich fest. Mein Mann sieht mich daraufhin prüfend an. Ich ergänze: Dinge! Nicht Menschen!

Wenn es regnet, geht mein Mann zum Orgelspielen in unsere Kirche. Er zieht sämtliche Register! Niemanden stört das. Der Küster hat Ferien, die Kindergärtnerin hat Ferien, die Kantorin ebenfalls. Auch das kulturelle Leben der Stadt ruht. Große Pause! Kein Theater, keine Konzerte, auch keine Sommerfestspiele. Kein drittes Programm auf dem Bildschirm, das sonst viele unserer Abende beansprucht. Die beiden Fernsehanstalten zeigen alte und noch ältere Filme, auch politisch geht es in der Welt ruhiger zu, ferienmäßig. Die Staatsführer weilen in ihren Sommersitzen. Unser Bundeskanzler läuft auf Sylt durchs Watt. Der Verteidigungsminister segelt in der Lübecker Bucht.

In der Dämmerung trete ich dann meinen Rundgang an. Mein Schlüsselbund gleicht dem einer Burgfrau des Mittelalters. Jeden Abend eine andere Wohnung, deren Schlüssel man mir zu treuen Händen überlassen hat. Briefkästen leeren, Drucksachen aussortieren, Briefe umadressieren, Wohnung lüften, Blumen gießen, sorgfältig abschließen.

Darüber wird es Abend. Wieder sitzen wir auf der Terrasse. Die Sonne ist untergegangen. Die Kiefer, die wir vor einigen Sommern aus den schwedischen Wäldern mitgebracht haben, und der Wacholder von der Schwäbischen Alb verwandeln sich in Pinie und Zypresse. Wir schalten die Lampe ein. Nein, mit Mücken haben wir hier keine Last. Auch keine Schnaken, keine Zanzare, keine Mosci. Wir rufen uns deren impertinentes Surren und ihre juckenden Einstiche ins Gedächtnis. Allerdings auch keine Zikaden. Das vermissen wir. Erinnere dich, sagt mein Mann. Kein Auge haben wir zugetan, damals auf Ägina, wenn der Schirokko blies. Ich erinnere mich und bewundere einen Falter mit grünen durchsichtigen Flügeln, der lautlos um unsere Lampe kreist. Als einziger hat er die Insektenvernichtungskampagne unseres Nachbarn überlebt.

Ein kühlender Abendwind hat sich aufgemacht. Irgendwo feiert man ein Gartenfest. Musik, Gelächter und Bratwurstduft weht über die Hecken. Der Mond geht auf, verschwindet im Laub des Birnbaums, kommt wieder zum Vorschein, hängt sich in den Goldregenbaum und läßt die Dächer der Häuser weit unter sich. Wir zeigen uns die Venus, den Großen Wagen, die Kassiopeia. Wie sich die Sternbilder gleichen, auf Ägina, auf Bornholm ... Zu den Spätnachrichten gehen wir ins Haus. Kein Flugzeugabsturz, keine Schiffskatastrophe, kein Eisenbahnerstreik. Wir atmen auf. Die Nachrichten in Fernsehen und Rundfunk melden uns mittelbar die glückliche Ankunft unserer Freunde. Aber: Auffahrunfälle auf der Autobahn! Erdrutsch bei Kaprun! Neuschnee am Stilfser Joch! Schwere Regenfälle in ...
Welchen Unannehmlichkeiten sich die Leute doch aus-

setzen. Wolkenbrüche haben Campingzelte in die ober-italienischen Seen geschwemmt! Aus der Ferne hören wir das Martinshorn eines Unfallwagens und fühlen uns in Sicherheit.

Was für ein schöner Zusammenhalt unter denen, die das bißchen Geselligkeit in der Stadt noch aufrechterhalten! Da genügt eine kurze Entschuldigung: Wir waren im Februar doch erst auf Gran Canaria! Im Herbst fliegen wir noch mal nach Sizilien! Natürlich, sagen wir, wer mag denn in der Hauptreisezeit –! Eben! sagen die Betreffenden und fühlen sich verstanden. Ihr Swimmingpool ist gesäubert und frisch gefüllt. Wie wäre es mit einem Sommerfest? Ohne Umstände! Ganz improvisiert. Nur einfach ein langer Rock. Für Gartenfeste sind wir in diesen Wochen gar nicht zu entbehren. Man holt uns, wenn auf einem Balkon im fünften Stockwerk eines Altbaues ein Sonnenuntergang bei Pfirsichbowle bewundert werden soll; wir essen im Licht von Lampions Spanferkel vom Spieß und bei Windlichtern unzählige Rostbratwürste. Krakauer sind nach unseren Erfahrungen die besten, auf Holzkohle gegrillt.

Dann laden wir ebenfalls ein. Zu einer Pizza Cristina, die sich von einer italienischen Pizza nur durch ihren internationalen Belag unterscheidet: ungarische Salami, holländische Tomaten, griechische Oliven, Schweizer Käse, Öl aus Spanien, Sardellen von werweißwo und der Hefeteig hessisch. Dazu trinken wir Rosé aus der Provence und reden über Kreuzfahrten in die Karibische See, von den Langusten an der bretonischen Küste, Ferienhäusern in Finnland. Renommier- und Imponiergespräche derer, die zu Hause geblieben sind.

Gefilmt haben wir übrigens nicht. Auch keine Dias. Wir haben vier Tage später dann doch die Koffer gepackt und sind – der Zikaden und der Küste wegen –

137

nach Dalmatien gefahren, immer hinter unserem Freund her, dem Maler und Schriftsteller Erich Landgrebe und seiner reizenden Margret, die uns auf einer Ansichtskarte geschrieben hatten, es locke sie das südliche Licht und die Pinien von Hvar . . .

(1975)

# Die große Pause

Der Frühling 1974! Noch lange werden wir uns daran erinnern. Ein Tag strahlender als der vorige. Die Gartenstadt Auefeld machte ihrem Namen Ehre. So schön blühten die Gärten noch nie. Birnbäume, Birken und Goldregen trachteten danach, in den Himmel zu wachsen; als wir hier einzogen, waren sie kaum mannshoch, keiner blickte auch nur übers Dach.

Natürlich wollte man der Natur nicht nachstehen! Gardinen, Zimmerdecken, Wände, alles wirkte grau und staubig im hellen Sonnenlicht. Auf Balkonen und Rasenflächen flatterten die pflegeleichten Gardinen im Frühlingswind. An allen Fenstern sah man Frauen, die Scheiben und Rahmen abwuschen, Betten und Wintermäntel lüfteten. Damit nicht genug: Es wurde getüncht und gepinselt, und neue Tapeten wurden an die Wände geklebt. Lieferautos hielten vor den Haustüren, neue Sessel wurden ausgeladen, und auf den Parkplätzen wurden die Autos auf Hochglanz gebracht. Als wir ins Auefeld zogen, standen dort nur ein paar Kleinwagen, zumeist schwarze, bald darauf wurden eierschalenweiße Autos gefahren, und in diesem Frühling sind sie plötzlich postkutschengelb, feuerwehrrot, und größer sind sie auch geworden; Mittelklasse und mehr.

Als alles frisch und blank und neu war, gefiel man sich

selbst nicht mehr, kleidete sich neu ein, aber fühlte sich immer noch müde und unzufrieden und beschloß, etwas für die Gesundheit zu tun, legte Safttage ein, aß Quark und Joghurt und ›Grüne Soße‹, schluckte Vitamintabletten, setzte sich ins Auto, fuhr zu den Trimmpfaden, rakkerte sich dort ab und kehrte erschöpft und enttäuscht zurück: Man schaffte den Klimmzug nicht mehr. Abends auf dem Bildschirm strahlten im Werbefernsehen die Kacheln, Fußböden, Gardinen ganz anders als die eigenen, und die jungen Frauen, die sie vorführten, waren jünger und heiterer und schöner, als man selber es war.

In diesem Frühling hat sicher mancher gedacht, daß er sich verändern möchte wie ein Baum: grünen und blühen! Die es nicht dachten, fühlten es unbewußt und putzten und polierten und kauften ein, kamen kaum dazu, einen Blick in die Gärten zu werfen und den Liedern der Amseln zuzuhören, die abends die Hausgiebel und Fernsehantennen besetzt hielten. Kein Abendspaziergang. Man war einfach zu müde. Nicht ein einziges Mal durch den Botanischen Garten gegangen, der doch vor der Tür lag! Auf der Fulda konnte man schon vor Ostern Boote mieten. Die Narzissenfelder in der Aue sind längst verblüht, die Schwäne brüteten bereits Mitte April. Siebenund elfköpfige Entenfamilien mit dottergelben Entchen auf den Wassergräben und Seen. In der Dämmerung hoppelten kleine Hasen über die Wiesen. Radfahrer und Läufer waren unterwegs, um in Form zu bleiben.

In Form – wofür? Tapetenwechsel – wofür? Die neuen Sessel – wofür? Man wirft weg und schafft Neues an. Im Grunde sind das nur Ersatzhandlungen, weil man spürt, daß man sich selbst ändern müßte. Und weil das so schwer ist, versuchen wir es gar nicht erst, veranstalten statt dessen Hausputz und Autoputz und Gartenputz. Und versäumen darüber den Frühling.

Und jetzt kommt der Sommer. Die Natur ruht sich von der Anstrengung des Frühlings aus. In der Schulzeit hatten wir an jedem Tag ›die große Pause‹. Auch das Jahr hat seine große Pause: die Sommerferien. Werden wir so rasch wie möglich, so weit wie möglich reisen? Fort aus Kassel und am liebsten fort von uns selbst? Was erwarten wir vom Sommer 1974? Wenn man älter wird, zählt man die Sommer. Wie viele noch? Will man braun werden, um fünf Jahre jünger auszusehen? Schwimmen, um zehn Pfund abzunehmen? Ansichtskarten aus Tunis oder von der Packeisgrenze an Freunde und Nachbarn schikken? Womit will man Eindruck machen: mit der Zahl der Kilometer oder der Zahl der Dias?

Es fällt mir ein Gebet des Sokrates zu seinen Göttern ein: »Gebt mir, daß ich schön werde in der Seele und daß alles, was mir zukommt, zu meiner Seele freundlich strebe. Gebt mir, daß ich den Weisen für reich halte, und vom Golde sei mir stets nur soviel, als der Mäßige bedarf.« Was für ungebräuchliche Wörter: schön, Seele, freundlich, streben, weise, mäßig.

»Geh aus, mein Herz, und suche Freud«, auch das fällt mir ein, in jedem Sommer. Vielleicht sollten wir uns darauf, Freude zu *finden*, nicht zu sehr verlassen? Vielleicht würde es uns glücklicher machen, Freude zu *bereiten*? Wenn wir nun eines der ungebräuchlichen Worte des Sokrates in Gebrauch nähmen, das Wort ›mäßig‹ zum Beispiel? *Woher* wir zurückkommen aus der großen Pause, wird weniger wichtig sein als: *wie* wir zurückkommen.

(1974)

# Lieber alter Freund
(Otto Heinrich Kühner)

*Otto Heinrich Kühner und Christine Brückner lesen als ›Dichter unter der Buche‹ während der Kasseler Bundesgartenschau 1981.*

# Den Tag vor dem Abend loben

*Lieber Kühner!*

So rede ich Dich in Gegenwart Fremder an, ich kann
nicht alle Namen, die ich Dir im Laufe unserer Ehe gegeben habe, verraten, einiges müssen wir für uns behalten.

Eben hast Du das Haus verlassen. Du bist auf dem
Weg zum Arzt. Ich habe gefragt, ob ich mitkommen soll,
Du hast verneint. Hätte ich darauf bestanden, wärst Du
meine Besorgnis gewahr geworden. Wir können nicht
mehr viel voreinander verbergen. Wir leben nicht nur
lange miteinander, wir leben auch nahe beieinander. Auf
dem Tisch in meinem Arbeitszimmer steht eine kleine
Bronzeplastik: Heidschnucken drängen sich aneinander;
erst wenn man die dünnen Beine zählt, erkennt man, daß
sich ein fünftes Tier in der Mitte befindet, es wird von
den stärkeren Tieren beschützt. Früher haben wir diese
schöne und bedeutungsvolle Plastik nur in Notzeiten
aufgestellt, es geht Trost von ihr aus. Seit der letzten
schweren Operation räumen wir sie nicht mehr fort.
Auch darüber haben wir nicht gesprochen. Wir sind
schweigsame Leute. Wir trennen uns seither nicht mehr,
auch nicht für Tage, folglich gibt es auch keine Briefe
mehr. Früher schob einer dem anderen, der auf eine
Reise ging, einen Zettel in den Koffer oder in die Mantel-
tasche, so versteckt, daß er gesucht werden mußte. Und

der, der wegfuhr, versäumte nicht, dem anderen einen schriftlichen Gutenachtgruß zurückzulassen.

Als wir uns kennenlernten, waren wir noch ›junge Autoren‹, beide ganz am Anfang einer Karriere. Wir interessierten uns kollegial füreinander, schrieben Karten, kurze Briefe, trafen uns bei Tagungen, näherten und entfernten uns wieder, bis uns endlich die Augen füreinander aufgingen. Da waren wir Anfang Vierzig, fast schon Mitte Vierzig. Du hast mich nicht einmal gefragt, ob ich Dich heiraten wollte! Das war so selbstverständlich. Wir erwarben eine Lizenz, wir wurden getraut. Freunde und Verwandte beobachteten uns mit Besorgnis, auch mit Mißtrauen. Würde das gutgehen? Zwei Einzelgänger, zwei Schriftsteller so unterschiedlicher Art? Die Pluspunkte waren: die gleiche Herkunft aus Pfarrhäusern, der gleiche Jahrgang. Und: Es ging gut. Es ging sogar sehr gut. Wir teilten uns das kleine Haus, das ich kurz zuvor erworben hatte, teilten den großen Raum mit Hilfe von Buchregalen in zwei Arbeitszimmer. Du hörtest das Klappern meiner Schreibmaschine, und es störte Dich nicht, sondern es belebte Dich. Wir schoben uns Kassiber zu, gereimt und ungereimt; diese zärtlichen, unsachlichen Billette liegen in jenem Karton, in dem wir unsere vielen Briefe aufbewahrt haben.

Nach einigen guten Ehejahren beschloß ich, unsere Beziehung als Modell für ein Buch zu nehmen. Ich wollte zeigen, daß eine glückliche Ehe möglich ist, wollte zeigen, daß es ›Glück‹ gibt. Ich nannte den Roman ›Das glückliche Buch der a. p.‹. Später fanden dann viele Leser heraus, daß jene a. p. und diese c. b. Ähnlichkeiten miteinander haben.

Wir arbeiteten Wand an Wand, wir reisten, wir wanderten. Du lehrtest mich Deinen Norden, ich Dich meinen Süden, daraus ergab sich dann ein gemeinsames

Buch: ›Erfahren und erwandert‹. Du lektoriertest meine Bücher, Du warst ein erfahrener Lektor beim Süddeutschen Rundfunk gewesen, davon haben meine Romane profitiert. Erfolg stellte sich ein. Und zur selben Zeit die großen Sorgen. Ein Autounfall, dann die Krankheiten, die Operationen, wieder und wieder. Immer warst Du der Betroffene. Warum –? Was sollten wir lernen? Waren wir unserer Sache zu sicher? Namhafte Chirurgen, berühmte Kliniken. Ich bin eine geübte Krankenschwester geworden, ich habe sogar Geduld gelernt. Und immer wieder bist Du davongekommen. Wir leben nun nicht mehr unbekümmert. Wir sind vorsichtiger geworden, dankbarer, loben den Tag noch vor dem Abend. Wenn ich bereits am Schreibtisch sitze und Du die ersten Töne auf dem Cembalo anschlägst, stehe ich auf, gehe zu Dir, und wir singen einen Morgenchoral.

Wir hatten einen schönen Sommer in diesem Jahr. Gegen Abend sind wir oft zum Schwimmen an die Aue-Seen gegangen. Der Weg führt durch einen Park, führt auf einem Holzsteg über den Fluß. Kommen wir spät, begleiten uns nur noch ein paar Bleßhühner, ein paar Wildenten, manchmal ein Schwan. Erlen und Weiden werfen lange Schatten auf das Wasser. So etwas ist wieder möglich und war doch ganz unvorstellbar! Keine Phantasie hätte dazu ausgereicht, kein Chirurg hätte eine solche Prophezeiung gewagt. Du malst wieder! Du hast zur Zeit eine Ausstellung in einem Museum. Neue Bücher erscheinen in diesem Herbst von uns beiden. Ein festlicher Sommer: Wir laden oft Gäste in unseren kleinen Garten. Du hängst einen Lampion, rund und gelb, ins Geäst, zündest, wenn es dunkelt, Kerzen an, Du weißt, daß mich der Blick in die schwarze Nacht bedrückt.

Du tauchst in meinen Büchern oft auf, ich gebe viel preis. Du erwähnst mich selten, Deine Bücher sind objektiver. Einmal hast Du einen kleinen Aufsatz über den Umgang mit mir, der Kollegin, geschrieben. Eben habe ich mir das Buch geholt und nachgelesen. Da steht: ». . . Sie hat ein reales Verhältnis zum Leben, zum Altern, zum Tod, sie hat, was so selten ist, Talent zum Glück. Für ihren Partner ist es ein Gewinn, mit ihr zusammen alt zu werden. Für mich.«

Wann hast Du das geschrieben? Jahrzehnte liegen dazwischen. Stimmt das noch? Wir waren oft, zu oft, dem Tod – Deinem Tod – zu nahe. Wir werden jetzt alt, eines Tages sind wir alt, dann haben wir die Grenze überschritten, die in unserem Fall durch keine Pensionierung gekennzeichnet ist. Wir haben Ersparnisse, Geldsorgen wird es vermutlich nicht geben, auch im Pflegefall nicht. Wir schreiben uns aus dem Leben heraus. Ich hätte gern Erkenntnisse in Taten umgesetzt. Ich wollte eine Alters-Kommune gründen, eine Lebensgemeinschaft alter Menschen, die neue Wege gehen wollen, ökologisch, ökumenisch, auch ökonomisch. Sie sollten verwirklichen, was sich bisher in ihrem Leben nicht hatte verwirklichen lassen. Wir beide waren für dieses Projekt nicht geeignet. Statt dessen habe ich ein Buch geschrieben, ›Die letzte Strophe‹, ein utopischer Roman.

Wir legen nun Pausen ein, sitzen länger bei Tisch, machen Spaziergänge und keine Wanderungen, keine weiten und fernen Reisen. Die Reizschwelle ist niedrig geworden, es ist uns recht so. Du warst einmal ein Vagabund, bist in den einsamen nördlichen Ländern gewandert. Als ich Dich zum ersten Mal sah, kamst Du aus Island, wo Du mit dem rechten Bein in die Lava gebrochen warst. Du gingst am Stock. Einige Freunde nennen Dich noch ›Hetman‹; im Partisanenkrieg, in Rußland, warst Du Chef einer Kosakenschwadron. Man nennt Dich auch ›Pummerer‹. Mit Deiner grotesken, skurrilen

Lyrik hast Du ein wenig Heiterkeit verbreitet. Während ich diesen Brief schreibe und auf Deine Rückkehr warte, ist mir eingefallen, daß ein Roman jener Schriftstellerin a. p. den Titel ›Narben‹ trägt. Wenn man Deine Biographie schreiben würde, dann wäre das der geeignete Titel.

Was alles haben wir erlebt! Kann man so viele Erlebnisse verarbeiten? Kann man Ordnung im Gedächtnis schaffen? Es ist eine große Bevorzugung, schreiben zu dürfen. Ich ermutige jeden, seine Erinnerungen aufzuschreiben, aber ich warne ihn auch, wenn er annimmt, es könne daraus ein Buch werden.

Wer von uns beiden wird übrigbleiben? Das wirst Du Dich fragen, das frage ich mich. Wir sprechen nicht mehr darüber. Ich würde gern in mein Heimatdorf zurückkehren, da wartet das Grab der Großeltern, das Grab der Eltern ist nicht weit. Der Stern Davids in dunklen Granit gehauen. Es wäre dort Platz für uns beide, wir könnten unterm Rasen liegen, niemand würde ein Blumenbeet anlegen, keiner müßte mit einer Gießkanne kommen. Die letzte Ruhe. Aber was ist vorher? Daß einem von uns das Vertrauen in die Gnade Gottes verlorengehen könnte, das kann und will ich mir nicht vorstellen. Im Schatten seiner Flügel haben wir viele schwere Zeiten überstanden.

Heute abend wird ein junger Gast kommen, und ich werde kochen, und auf den grünen Salat werde ich eine gelbe Kresseblüte legen. Er wird uns von seiner langen Frankreichreise erzählen, wir werden Wein trinken, Du wirst Kerzen anzünden, der Abend kommt jetzt schon früh, aber es ist noch warm. Am Ende dieses Tages wirst Du den Arm um meine Schultern legen, wir werden dankbar für diesen späten Sommertag sein. Spätestens dann wirst Du mir sagen, was der Arzt festgestellt hat.

(1991)

# Schon- und Schamzonen

*In der Schonzone der Karlsaue.*

# Die Pappel verläßt sich auf dein Gedicht

Als wir zum ersten Mal im Park waren, der ›Karlsaue‹, und nebeneinander um den See gingen, hast du gesagt, wegen dieses Sees könne man nach Kassel ziehen. ›Man‹ hast du gesagt, aber es klang schon ein ›ich‹ durch. Es war im November, und es war neblig, man sah nicht viel, nur Schemen. Und als wir zum zweiten Mal, einen Frühling später, um den See gingen, hat einer dem anderen einen Baum zum Geschenk gemacht. Ich habe dir eine alleinstehende Birke geschenkt und du mir einen Weidenbaum, dessen Zweige im Wasser schleiften. Da hieß es schon nicht mehr ›man‹, aber auch nicht ›ich‹ und ›du‹, da hieß es schon ›wir‹ und ›uns‹. Seither: ›unser Park‹. Wir hätten uns jüngere Bäume schenken sollen! Dein Baum beugte sich, wurde zur Gefahr und mußte geschlagen werden; mein Baum stürzte sich ins Wasser. Altes Sumpfgelände, die Fulda fließt daran vorüber, es stürzen viele Bäume; wir haben keine Betrachtungen daran geknüpft.

Wie oft haben wir den See umrundet? Wie oft haben wir ihn überquert, wenn er zugefroren war?

Je älter ich werde, desto wohltuender wirkt geordnete Natur auf mich. Ich beruhige mich, wenn ich am Ende eines Tages den Anordnungen der Alleen folge, eine Kastanie aufhebe und in die Hand nehme, den geselligen

Schwarm der Krähen vorm Abendhimmel beobachte und den geordneten Flug der Wildenten.

Wir müssen uns nicht verständigen; wir biegen in einen Weg ein, der von Lindenbäumen begleitet wird, und gehen einmal um den See; wir haben die gleiche Schrittlänge. Auf einem anderen Weg kehren wir zum Parktor zurück, das nicht geschlossen wird, über das Knöterich wuchert. Dem Parkwächter begegnen wir nicht mehr. Früher war er, wenn es dämmrig wurde, mit seinem Schäferhund unterwegs; er bewachte den Park, sorgte für Einhaltung der Parkordnung. Nun hat er keine Befugnisse mehr. Für den Schutz der mündig gewordenen Parkbenutzer fühlt er sich nicht zuständig. Hunde werden nicht mehr angeleint, Kinder nicht mehr ermahnt, die Rasenflächen nicht zu betreten, die Ordnungstafeln, die am Eingang stehen, bekommen Museumsreife. Radfahren, Joggen, Lagern auf Wiesen, Schlittschuhlaufen, Schlittenfahren: erlaubt ist, was gefällt.

Wir denken oft dankbar an die hessischen Landgrafen. Der eine ließ sich in den Fuldaniederungen einen Renaissance-Garten anlegen, ein anderer ließ den Garten zu barocken Parkanlagen ausweiten. Ohne die botanischen Neigungen, ohne den absolutistischen Ehrgeiz der Landgrafen hätten wir nur Freizeitgelände, nur Aschenbahnen, Fußballstadien, Seen zum Surfen und Rudern. Parkplätze statt Parks. Der alte Park setzt dem veränderten Verhalten seiner Nutznießer einen natürlichen Widerstand entgegen. Die Bäume kümmern sich nicht um Radfahrer und Läufer. Meine Freundin Krystyna aus Warschau hat in ihrem Neujahrsbrief geschrieben: »Man spricht viel davon, wie der graue Mensch schuften mußte, um den Herren ihre Paläste, Parkanlagen, Bilder, Skulpturen zu deren Lust herzustellen. War es aber nicht besser, für solche Kunstschätze zu arbeiten, als so, wie wir es heute machen, für unser Geld Atombomben, Tanks und andere Rüstung zu produzieren? Früher arbeitete der Mensch für die Vergnügungen eines anderen, heute arbeitet er für seine eigene Vernichtung. Und keine Revolution bricht aus.«

Die ersten Krokusse sehen wir in unserem Park, sehen ein Entenpaar im Gehölz verschwinden, und, nach geraumer Zeit, sehen wir eine Entenfamilie auf dem Wasser. Sechs kleine Enten! Elf kleine Enten! Dann die jungen Schwäne. Die ersten und die letzten Schwalben. Wir kennen den Duft der Sommerlinden und den Duft der Winterlinden. Der erste Rauhreif. Manchmal sehen wir ein paar Pfauen aus höfischer Zeit, die ihre königsblauen Schleppen über den grünen Rasen ziehen, den kleinen Kopf hochmütig erhoben; sie stoßen ihre unpassenden Schreie aus, richten sich bei Dunkelheit auf ihrem Schlafbaum ein.

»Komm in den totgesagten Park!« sage ich; jene Zeilen eines anderen George-Gedichts hebe ich mir für später auf: »Wenn auch nicht mehr uns beschert ist / Als noch ein Rundgang zu zwein.«

Wie viele Gedichtzeilen wurden hier zitiert, wie viele sind hier entstanden! »Die Pappel verläßt sich auf mein / Gedicht. Und die in der / Abendsonne glühende Kiefer. / Ihre Wipfel sind nur mit / Versen erreichbar . . .« So fängt eines deiner Gedichte an. Ich kenne die Pappel! Ich kenne die Kiefer! Oder sind es andere? Ist das wichtig? Wenn du schreibst und wenn du malst, setzt du die Zutaten, die dein Gedächtnis dir liefert, neu zusammen. Die Realität gilt dir weniger als mir. Du fotografierst auch nicht, du machst dir kein Bildnis, schon gar nicht von Menschen, Menschen kommen auf deinen Bildern selten vor, du brauchst sie nicht, du brauchst Bäume, Erde und Himmel und was dazwischen ist: die Vögel. Wo sind die

Narzissenwiesen unseres Parks? Wo die Balsaminen, die an den Ufern der Bäche blühen?

Ich bin die einzige, die erkennen kann, daß es unser Park ist. Du hast den Tempel von anderswo genommen. Wohin führt der helle Weg? Woher hast du dir diese Statue geholt? Aus Versailles? Aus Würzburg? Oder stand sie einmal am Rand der Karlswiese, wo die heiteren Sandsteinfiguren verwittern und dann eine nach der anderen verschwinden? Diese hat sich in dein Bild gerettet. Der Hügel im Hintergrund, schön bewachsen mit Thuja und Eiben und Zypressen, wir beide wissen, daß es sich um eine Bodenformation des 20. Jahrhunderts handelt: um Gebälk, Backstein, um Porzellan, um Knochen, einer der Trümmerberge der im Krieg zerstörten Stadt. Ein Todeshügel. Einige der Toten, die nicht mehr aufgefunden wurden, habe ich gekannt, meine Freundin gehörte dazu.

Wir haben uns den Park im Gewohnheitsrecht angeeignet, die Freunde sagen bereits: euer Park.

Die Pappel verläßt sich auf dein Gedicht!

(1987)

# Die Schamzone einer Stadt

Zehn Minuten von unserem Haus entfernt hat uns ein hessischer Landgraf nach französischem Muster einen Park anlegen lassen; einer seiner Nachfolger hat ihn zu einem englischen Naturpark umgestalten lassen und ihm seinen Namen gegeben: Karlsaue. Heute sorgt die Verwaltung der Staatlichen Schlösser und Gärten in Bad Homburg dafür, daß er aufs schönste instand gehalten wird. Noch im 19. Jahrhundert war der Park größer als das Stadtgebiet von Kassel, aber sein Betreten war nur ›reputierlichen Bürgersleuten‹ gestattet. Auch heute spielt und lagert der Bürger nicht einmal dort, wo er es dürfte; er tut, was die Parkordnung befiehlt: Er schont seine Anlagen, führt seinen Hund an der Leine, reitet nicht, geht keiner gewerblichen Tätigkeit nach, fährt allenfalls auf rechten Pfaden, des Kreislaufs wegen, Rad. Er darf sich auf den Kieswegen ergehen, darf auch die Schwäne und Enten auf den Seen und Wassergräben füttern. Hundertjähriger Baumbestand! Schön geführte Alleen. Den Grundriß einer Leier haben uns erst die Luftaufnahmen der Fotografen offenbart. Ästhetik der Landschaft. Harmonie. Auf den Rasenflächen lustwandeln Pfauen höfischer Abstammung und machen ihren jahrhundertealten Aggressionen durch Schreie Luft.

Wo die Schonzone des Parks endet, wird aus dem reputierlichen Bürger der Mensch, hier darf er's sein, hier geht er seinen Neigungen nach, rudert, angelt, gärtnert, wäscht sein Auto; hier spielt er Tennis, hier hat er sein Fußballstadion, hier spielt sich der ›Kasseler Sportverein‹ in die Zweite Bundesliga Süd hinein und wieder heraus.

Weder Mauer noch Hecke sind nötig, um die beiden Zonen voneinander abzugrenzen. Die Trennung besorgt eine Ausfallstraße, an der blaue Schilder auf die nahen Autobahnanschlußstellen hinweisen. Jenseits dieser Straße beginnt eine neue Zone, für Spaziergänger so ungeeignet wie für Wanderer; sie wird von Bundesstraßen erster und zweiter Ordnung und von der Autobahn begrenzt, von der Fulda durchflossen, einer Bahnlinie durchquert. Ein Niemandsland, ein Allerweltsland, eine verschwiegene Gegend, in keinem Bildband und in keinem Prospekt erwähnt. Wenn in der Kasseler Tageszeitung davon die Rede ist, dann im Zusammenhang mit städtischen Planungen. Industriegelände? Freizeitgelände? Eine Übergangszone, den raschen Veränderungen unterworfen. Die Stadtpläne werden in diesem Geviert von einem zum anderen Jahr ungültig. Auf den ersten Blick nichts weiter als Fuldaniederungen, neblig und sumpfig, früher, vor dem Bau der Edertalsperre, ständig von Hochwassern bedroht.

Wir kommen an einem Ausstellungsgelände vorüber, dann an einem Sportgelände, dann am Turnierplatz des ›Kurhessischen Reit- und Fahrvereins e.V.‹, auf dem in jedem Mai Turniere geritten werden; hohe Hecken und hohe Hürden. Anschließend, ebenfalls eingezäunt, das Areal des ›Kleingartenvereins Auefeld e.V.‹, Spekulationsobjekt der Stadtplaner, leidenschaftlich von den Kleingärtnern verteidigt. Vor dem Tor ein Warnschild: Hier wurde vorsorglich Rattengift gelegt. Die Garten-

häuschen winterfest gemacht, die Pumpen mit Stroh um-
wickelt; die Badewannen, in denen sich im Sommer
Regenwasser in Gießwasser verwandelt, umgestülpt; die
hochstämmigen Rosen mit Schutzhauben versehen, die
Beete umgegraben und die Obstbäume bereits auf
Fruchtholz geschnitten. Die Reiser liegen aufgeschichtet
für das erste Frühlingsfeuer bereit. Ein Kinderspielplatz.
Jetzt alles entblößt, den Blicken preisgegeben. Winterli-
che Melancholie, die Stunden zwischen den Tageszeiten,
anhaltende Dämmerung, und dann dieses Zwischenreich zwischen Stadt und Land, zwischen Zivilisation
und Natur.

Als nächstes der ›Boxer-Club e.V. Kassel‹ – alles ist
hier ›e.V.‹, eingetragen und gemeinnützig. Ein Clubhaus
mit Tribüne, auf dem Rasen halbhohe Hecken und halbhohe Hürden. Wütendes Gebell eines Boxers, der sich im
reiß- und beißfesten Armschutz des Trainers festgebissen
hat, was ihm das Lob des Hundehalters einträgt. Weitere
Boxer und weitere Boxer-Herren in Pelzmütze und
Lammfellmantel als Zuschauer in der Sonntagsschule
der Hunde.

An der anderen Seite der Stichstraße, auf hohen Ze-
mentsockeln, die Bootshäuser der Schulen und Ruder-
vereine; die Türen sind verriegelt, hinter den Glasschei-
ben aufgedockte Vierer, Achter und Zweier. Die Hecken
am Straßenrand sind entlaubt, sie verbergen nichts mehr
und haben auch nichts mehr zu verbergen: der Campingplatz mit Bootsanlegestelle und Rettungsstation ist seit
dem 1. Oktober geschlossen. Anzeichen winterlicher Re-
paraturarbeiten. Unmittelbar anschließend, hinter hohem Maschendraht, militärisches Gelände. Vorsicht!
Schußwaffengebrauch! Hier hat lange ein belgisches
Panzerpionierbataillon gelegen, die Warnschilder rosten
auf französisch, flämisch, deutsch: ›Terrain militaire‹.

Ein Posten im Tarnanzug bewacht den Wasserübungsplatz. Das Gelände ist mit kniehohen Fichten bepflanzt worden, zur Tarnung und zur Verschönerung.

An dieser Stelle hört die städtische Straßenbeleuchtung auf, die Asphaltierung ebenfalls. Vorm Schlagbaum parkt ein Auto, in dem ein Liebespaar mit sich beschäftigt ist. Hinter dem Schlagbaum beginnt die Versorgungszone der Großstadt. Aber zunächst noch ein aufgeschütteter Bahndamm, von Holunder, wilder Möhre und Schierling des Vorjahrs überwuchert. Eine Bahnstrecke für Pendler; eingleisig, am Hauptbahnhof beginnend, von Vorort zu Vorort im Halbkreis um die Stadt herumführend und weiter ins Hinterland; sie versorgt die Stadt mit Arbeitern, endet an der Grenze zur Deutschen Demokratischen Republik; wir sagen hier noch immer ›Zonengrenze‹ und ›Zonengrenznaher Bereich‹. Um 5 Uhr 10 fährt der erste Triebwagen über die Brücke stadtauswärts, der letzte um 23 Uhr 17. Reger Güterverkehr. Bei Südwind hören wir, wenn wir im Garten sitzen, das Tuten der Züge.

Und jetzt die peripheren Durchblutungsadern, die außerhalb des Stadtkörpers liegen: Wasser, Erdgas, Elektrizität. Auf dem Stadtplan mit UW, EW, PW gekennzeichnet. Pumpwerke und Umspannstationen. Zunächst ein Flachbau mit dem Schild ›Explosionsgefahr‹ und dem Hinweis, daß von nun an alles auf eigene Gefahr geschieht.

Die Verteilerstelle für Erdgas: die Rohre verschwinden im Erdinnern, sie werden die Fulda unterqueren, in Richtung Osten. Auf der anderen Seite des Weges, außer Betrieb und dem Verfall überlassen, eine alte Wasserpumpstation, die ein Waggonwerk versorgte, bis es vor einigen Jahren stillgelegt wurde.

Die Verbots- und Gebotsschilder zeigen an, daß inzwischen die Zuständigkeit gewechselt hat. Nicht mehr ›Die Verwaltung der Staatlichen Schlösser und Gärten‹, sondern ›Die Standortkommandantur‹, ›Die Stadtwerke‹, ›Die Wasserschutzpolizei‹. Winterlich graue Wiesen. Wir könnten jetzt einen Treidelpfad am Fluß entlang benutzen, wenn uns nicht kleine Bäche am Weiterkommen hinderten, die, kaum entsprungen, nicht des Namens wert, oftmals durch Rohre geleitet, in die Fulda münden. Auf dem Stadtplan, den wir bei uns tragen, sind die Bäche nichts weiter als kurze blaue Fädchen. Auch die Fulda ist keiner der bedeutenden und verkehrsreichen Wasserwege. Eher lieblich als nützlich. Noch 20 Kilometer flußabwärts, dann gibt sie Namen und Selbständigkeit auf und verbindet sich mit der Werra zur Weser.

Ein blaues Schild mit drei weißen Wellenlinien: Trinkwasserschutzgebiet! Vorsorglich zum Weg hin eingezäunt. Dem Bürger, der sich bis hierher vorgewagt hat, wird der ewige Kreislauf der Natur in Gedichtform anschaulich gemacht. Von wem verfaßt? Von einem Regierungsoberamtmann?

»Hast du gegessen und getrunken,
dann laß dich nicht hier nieder.
Sonst trinkst du, was du hinterläßt,
am nächsten Morgen wieder.«

Inzwischen nennt sich die Straße ›Allee‹, ist aber nur einseitig mit Bäumen bepflanzt. An der anderen Seite ein Wassergraben, vor dem uns eine verwahrloste Hecke schützt, mit benutzten Papiertaschentüchern und geleerten Zigarettenschachteln besteckt. Zur Rechten ein Bauernhof, mitten in Gemüseland gelegen. Faulende Kohlköpfe, nicht rechtzeitig vorm ersten Frost geerntet. Bald wird auch das letzte Ackerland verkauft und die Gebäude abgerissen werden. Ein Hof, der dem ›Bauernlegen‹ zum Opfer fallen wird.

*Am Stadtrand, im Hintergrund das Kasseler Kraftwerk:*
*»Walhalla mit Schloten«.*

Vor uns taucht eine Walhalla mit Schloten auf, ein architektonisches Monstrum: das Elektrizitätswerk. Die Generatoren werden schon hörbar, und hörbar wird auch das Knistern in den Drähten, die sich von Riesenmast zu Riesenmast schwingen, Richtung Stadt, Richtung Volkswagenwerk Altenbauna, Richtung Zonenrandgebiet.

An der ersten Staustufe des Flusses liegt die ›Neue Mühle‹, nicht mehr ›Neu‹ und nicht mehr ›Mühle‹, sondern ein Ausflugslokal für Autofahrer, weniger für Fußgänger. In einem Garten weist ein Schild darauf hin, daß man hier frisch geräucherten Aal und frisch geräucherte Forellen kaufen kann. Zweifamilienhäuser für das Personal der Heilanstalt. Wer in Kassel ein wenig ›meschugge‹ ist, muß in die ›Neue Mühle‹, das ›Ludwig-Noll-Krankenhaus‹, eine Psychiatrische Anstalt am Rande der Gesellschaft, wie einst die Siechenhäuser, im

Sichtschutz eines Parks gelegen, am erhöhten Flußufer, fast schon idyllisch.

Es geht jetzt ein Stück über freies Feld. Das Rauschen in der Luft rührt nicht mehr von den Generatoren her, sondern von der nahen Autobahn Kassel–Dortmund. Von der Autobahn und einem ihrer Zubringer tangiert, liegt der Friedhof der russischen und englischen Kriegsgefangenen und ihres deutschen Sanitätspersonals, alle im Ersten Weltkrieg einer Seuche zum Opfer gefallen. Schöne Baumkronen über schönen Grabsteinen! Zeichen für Zivilisation und Kultur? Dahinter, in Dämmerung und Dunst verschwindend, die Silhouette des Habichtswaldes, der Kasseler Hausberge. Für das geübte Auge wird in einem Bergsattel das Monumentaldenkmal des Herkules sichtbar.

Unter der Autobahn hindurch und bald darauf über die Fulda hinweg, gelangen wir in ein verstädtertes Dorf. In einem Gasthaus trinken wir einen Schnaps zur Belohnung für den geleisteten Weg und einen zweiten zur Ermunterung für den Rückweg. Mitten im Raum wird Pool-Billard gespielt; wir hören hessischen, aber auch anatolischen Dialekt.

Für den Rückweg wählen wir die andere Seite der Fulda. Zuerst durch ein halbstündiges Waldstück, Buchen mit Unterholz, die Natur sich selbst überlassen, von Forstwirtschaft keine Spur. Der Wald lichtet sich und gibt den Blick auf die Stadt und ihre Umgebung frei. Im Osten das Industriegebiet mit sonntäglich rauchlosen Schloten, im Westen die Wohnviertel mit neoromanischen, neogotischen, neobarocken Kirchtürmen, keiner von ihnen ist im letzten Krieg verschont geblieben.

Landwirtschaft und Industrie schieben sich ineinander. Eine Kleiderfabrik, dann ein Acker mit grüner Wintersaat, eine Großmarkthalle, ein unbestelltes Feld, eine Tankstelle.

Wir halten uns am linken Straßenrand, immer zum Sprung über den Straßengraben bereit. Auch auf Bundesstraßen mit zweistelligen Zahlen befinden sich Fußgänger im Unrecht. Wir weichen der größeren Kraft und Geschwindigkeit, schlagen einen Wiesenweg ein, der zum Fluß führt. Erlen und Pappeln am Ufer, angeschwemmte Kanister, Teertonnen, Kunststoffbehälter, Zeichen von Zivilisation. An dieser Uferseite nicht einmal ein Treidelpfad, die Viehweiden reichen bis ans Wasser und mit ihnen ihre Stacheldrahteinzäunung. Wem gehören die Ufer? Alles ist hier privat. Betreten verboten. Unbefugt übersteigen wir die Einzäunungen.

Der trübe Tag geht in einen trüben Abend über. Krähen ziehen schwirrenden Flugs zur Stadt, stellen Luftlinien zwischen Äckern und Parks her. Am gegenüberliegenden Ufer schießen Halbwüchsige mit Pistolen.

Unerlaubtes Gelände.

Dort, wo einer der namenlosen Bäche mündet, steht noch ein Angler. Wir kommen, auf der Höhe der ›Neuen Mühle‹, dicht an das Wehr heran, über das der braune Fluß weißschäumend hinunterrauscht, gehen über das schmalspurige Geleis, auf dem die Boote über die Staustufe hinwegtransportiert werden. Ein Renn-Einer ist noch unterwegs, hat die volle Flußbreite für sich; wir hören den schnellen, gleichmäßigen Ruderschlag.

Der Pfad endet am Rand eines Baggerlochs. Wir stören drei Entenjäger auf. Riesenbagger haben die Ufer aufgerissen und tief in Aue-Lehm und Löß gegriffen, haben Täler ausgehoben und Berge aufgetürmt. Verfremdung des flachen Kasseler Beckens. Wieder müssen wir weichen. Wir kehren zur Autostraße zurück, die Scheinwerfer fassen nach uns wie nach Wild. Wir ziehen uns in das neben der Straße liegende Gelände zurück und geraten in eine Schamzone, den Intimbereich der Großstadt, die Schutt, Müll und Abraum vor sich herschiebt. Baggerlöcher werden zugeschüttet, der Abraum notdürftig mit Erde bedeckt; erste Anzeichen von Vegetation. Unsere Schuhe sacken in schlierigen Schlamm, von den Geographen ›Schluff‹ genannt. Ein verrosteter Bagger ragt aus dem Ödland.

Unser Stadtplan ist sechs Jahre alt. Wo wir gehen, ist ein blaues Baggerloch eingezeichnet. Uns schaudert's wie dem Reiter überm Bodensee, auch ohne zu wissen, daß man in diesem Gelände noch immer Bomben des Zweiten Weltkriegs findet. Wir retten uns auf den Bahndamm, gehen über die Schwellen stadteinwärts. Verspätete Kinder schleppen ihre Fahrräder über den Damm. »Wie spät ist es denn?« Von den Kirchtürmen läuten die Abendglocken, hinter uns ländlich mit einer einzigen Glocke, vor uns städtisch mit vielen Glocken. Der Himmel über der Stadt färbt sich rot von Millionen Watt.

Vom Bahndamm wieder ans Flußufer: ein Grasweg, der zum Schotterweg und unversehens zum Kiesweg wird. Weiße Bänke. Das Gestrüpp und Gesträuch ordnet sich zu Anpflanzungen. Junge Bäume, schön gruppiert. Ein Freizeitgelände, das auf Benutzung wartet.

Das alles war einmal eine Flußlandschaft: Kiesgruben – Baggerlöcher – Schuttplatz – Freizeitgelände. Die Veränderungen vollziehen sich in der immer gleichen Reihenfolge. Von der Natur zurück zur Natur, die zu ihren Veränderungen Jahrmillionen benötigt, der Mensch braucht nur ein Jahrzehnt.

Wir nähern uns wieder der Stadt. Eine Bushaltestelle, an der niemand wartet. Ein Parkplatz ohne Autos. Die Seen und Wiesen durch rasch wachsendes Buschwerk von der Autostraße abgetrennt, auf der man mit Höchstgeschwindigkeit dieses Niemandsland durchfährt. Hinaus aus der Stadt, hinein in die Stadt.

Im Sommer filtert das Blattwerk von Pappeln, Weiden und Erlen die Luft und gibt Sichtschutz für Badestellen, Bootsstege, Liege- und Spielwiesen. Dann werden Luftmatratzen und Schlauchboote aufgeblasen, wird Ball gespielt, werden Würstchen gebraten, wird Freizeit gestaltet. Auf einer der Wiesen zeugt noch eine Säule von verschwundener Pracht, ihr dorisches Kapitell ist beschädigt, aber der Säulenschaft ist noch unversehrt. Keiner kennt ihre Herkunft, sie wurde unter den Trümmern gefunden, mit denen man nach Kriegsende die damaligen Baggerlöcher ausgefüllt hat. Keine Mahntafel. Niemand muß sich mehr erinnern, niemand braucht zu wissen, worüber er sein Badetuch ausbreitet. Wir gehen über meine Schule, mein Theater, mein Elternhaus. Über Fenstersimse, Suppenschüsseln, Gebein; alles zertrümmert, zermahlen, mit Erde bedeckt, die nicht bebt, die sich in wenigen Wochen begrünen wird. Schon hängen Weiden- und Erlenkätzchen an den Zweigen. Aber hier hat es der Frühling schwerer als in der Schonzone des Parks, er muß nicht nur die Vergänglichkeit der Natur bekämpfen, sondern auch, was unvergänglich ist, überwinden: die Spraydosen, die Bierflaschen und die Plastiktüten der Vorjahre. Bei niedrigem Wasserstand ragen Betonklötze und verrostetes Gestänge aus den Badeseen heraus: Überreste der gesprengten Luftschutzbunker, die den Schwimmern zum Turnen und Spielen dienen.

Unser Park liegt jetzt im Dunkel. Auf den Wassergräben ziehen lautlos die weißen Schwäne dahin. Die Pfauen haben ihre Schlafplätze im Wipfel eines alten Weidenbaums aufgesucht. Wildenten steigen auf und ordnen sich vorm Himmel zu unverständlichen Zeichen. Wir

kehren in die Kulturzone zurück, empfinden die geordnete Natur als wohltuend. Die Karlsaue: das Freizeitgelände der absolutistischen Landgrafen, die das vormals
sumpfige Auengelände in einen Park verwandeln ließen.
Wiederholungen. Demokratisierung einer Landschaft.

(1974)

# Ein Junimorgen
# im Bergpark Wilhelmshöhe

Adolf Freiherr von Knigge berichtete 1796 seinem Pfle-
gevater von einer Besichtigung des Herkules und der
Wasserkünste, bei der ein Besucher aus der Schweiz aus-
gerufen habe: »Mein Gott! Wozu nutzt das alles? Es ist
doch nur eine Wasserkunst zum Vergnügen und kostet
so ungeheure Summen!« Knigge, der später seiner frei-
sinnigen Ansichten wegen die Stadt verlassen mußte,
fügte hinzu: »Das Ding kann etwas Wahres enthalten,
aber nach dieser Lehre wäre ein Nachttopf viel besser als
ein Punschnapf.«

Gute dreißig Jahre später stellt Goethe ähnliche Betrachtungen an. »Denken Sie an Städte wie Kassel …
denken Sie an die großen Lebenselemente, die diese
Städte in sich selber tragen, denken Sie an die Wirkun-
gen, die von ihnen auf die benachbarten Provinzen ausgehen, und fragen Sie sich, ob das alles sein würde, wenn
sie nicht seit langen Zeiten die Sitze von Fürsten gewesen …«

Diese Frage läßt sich eineinhalb Jahrhunderte danach
mit einem klaren ›Nein‹ beantworten.

In einer Demokratie wäre ein solch monströses Projekt
wie Herkules und Wasserspiele am gesunden Widerstand
der Bürger gescheitert. Das fürstliche Erbe kommt das
Land Hessen teuer zu stehen. Kostspielig im Unterhalt,

aber ein kostenloses Vergnügen für die Besucher, die in Sonderbussen und sogar in Sonderzügen von weit her kommen, um das zu bestaunen, was man heute ›Wasserspiele‹ nennt und was doch ›Wasserkünste‹ heißen müßte. Ein Knopfdruck, und pünktlich um 14 Uhr 30 ergießen sich in den Sommermonaten, zweimal wöchentlich, die gespeicherten Wasser über die Kaskaden, stürzen über kunstvolle Brücken und über die Ruine eines Aquädukts, lösen Posaunenstöße aus und Fontänen. Die Wasser springen, und die Menschen springen auf Treppen nebenher, 585 Treppenstufen, Lachen und Kreischen.

Von den überdimensionalen Bauplänen des Landgrafen Carl wurde nur ein Drittel ausgeführt. Die Natur hat die pompöse Anlage inzwischen in die rechten Proportionen gebracht und sich mit Moosen, Farnen, Schilf und Libellen zu eigen gemacht. Natur und Kunst fliehen einander nicht länger.

Ein Junimorgen im Bergpark Wilhelmshöhe, das hat kaum seinesgleichen. Was für ein Gesamtkunstwerk aus Licht und Farben, aus Wasser und Stein und Blütenduft! Dazu alle die liebenswürdigen und nutzlosen architektonischen Zutaten, Pavillons und Pagoden. Die Rabatten auf den weiten Rasenflächen frisch bepflanzt mit Sommerblumen, die Fliederhecken blühen und die wilden Rosen. Im Schatten hoher Bäume leuchten Rhododendren und Azaleen, eine Sinfonie in Lila, den Hang hinunter zum ›Lac‹, dem kleinen Weiher, auf dem die Schwäne sich zu schönen Bildern ordnen. Die Bäume tragen Nummern, als wären es Häuser. Ginkgo biloba, »der von Osten meinem Garten anvertraut«, und Magnolie, Robinien und Rotbuchen. 800 Gehölze verschiedenster Art, der schönste und größte Bergpark Europas, der unmerklich in die Wälder übergeht. Die Waldwiesen blühen mit Löwenzahn, Hasenfuß, Wiesenschaumkraut

*Wasserspiele vor Schloß Wilhelmshöhe.*

und Margeriten. Junge Leute in Jeans gehen barfuß
durch die Wiesen, pflücken sich Sträuße, nichts scheint
mehr verboten zu sein, hie und da mahnt noch ein
Schild, daß man die Anlagen schonen möge.

Einige Wassertretstellen beweisen die Nützlichkeit des
Wassers für die Gesundheit. Am Sonntagmorgen findet
ein Gottesdienst im Freien statt; Konzerte im Schloß;
Kurkonzert im Park; nächtliche Park- und Lichterfeste
mit allerlei musikalischen und tänzerischen Darbietun-
gen, die in einem großen Feuerwerk enden.

Das Schloß Wilhelmshöhe erlangte zweimal in seiner
kurzen Geschichte historische Bedeutung. Napoleon III.
wurde nach dem Deutsch-Französischen Krieg von
1870/71 dort in königlichem Gewahrsam gehalten, und
1918 löste nach dem verlorenen Ersten Weltkrieg Generalfeldmarschall von Hindenburg hier das geschlagene
deutsche Heer auf.

Es gibt schönere Schlösser als das von Wilhelmshöhe, aber kaum eines mit so kostbarem Inhalt. 1974 wurde das im Krieg weitgehend ausgebrannte und dann zum Museum ausgebaute Schloß der Öffentlichkeit übergeben. Außer den großartigen Sammlungen der Landgrafen sind die nach 1866 neuerworbenen Kunstwerke aus staatlichem Besitz zu sehen, dazu die zahlreichen Leihgaben; 600 Bilder, der Rest im Magazin, eine der reichsten europäischen Galerien.

»Wir gehen unter den Casseler Herrlichkeiten herum und sehen eine Menge in uns hinein. Die Gemäldegalerie hat mich sehr gelabt, wir sind wohl und lustig.« So Goethe. Was würde er erst gesagt haben, wenn man ihm die Bilder an Schloßwänden, für die sie ursprünglich gemalt worden waren, präsentiert hätte? Die Besichtigung dieser Kunstsammlung ist ein Tagewerk. Weltberühmte Bilder: Dürer und Tizian, Frans Hals und van Dyck, Rubens und Brueghel, Murillo und Poussin, Altdorfer und vor allem: Rembrandt. Siebzehn Rembrandts! Kassels ganzer Stolz, darunter so berühmte Bilder wie ›Der Segen Jakobs‹, das Bildnis der Saskia und bedeutende Selbstbildnisse. Aber Rembrandt lenkt viel Aufmerksamkeit von den schönen und wichtigen anderen Bildern ab, stellt in den Schatten, was nicht im Schatten stehen müßte, und auch die hohen Fenster lenken ab: immer wieder neue und liebliche Ausblicke in den Park und hinauf zu den Höhen des Habichtswaldes oder hinunter zum ›Lac‹, auf die Stadt und die dahinterliegenden Höhen.

In der Antikensammlung durchmißt man in wenigen Schritten ganze Kulturkreise, Geschichtstafeln dienen als Wegweiser, Troja, Mykene, Athen, Etrurien, Rom – Fotografien der Fundorte vor Augen. Götter und Helden, im griechischen Original und als römische Kopie. Marmor, aber auch Gips, Tongefäße, Grabreliefs, Geräte aus

Bronze und Glas, Schmuckstücke aus Gold. »Einige antike Statuen im Museum machten mir wahrhaft glückliche Stunden«, lese ich in einem Brief Hölderlins, der in einem Museum noch Beglückung erwartete und fand. Uns dagegen erwartet eine didaktische Ausstellung, wir sind auf Wissensvermittlung und Weiterbildung bedacht. Trotzdem habe auch ich in der Antikensammlung viele glückliche Stunden verbracht!

(1977)

# Bußgang zwischen Gräbern

(Der jüdische Friedhof in Kassel)

Wir nehmen auf den Rücksitzen Platz, und ich sage: »Fahren Sie uns bitte zum Friedhof am Eichwäldchen, im Stadtteil Bettenhausen!«

Der Taxifahrer dreht sich zu mir um, sein Blick bleibt auf meinem schwarzen gelockten Haar hängen. »Mir können Sie ruhig sagen, daß Sie auf den Judenfriedhof wollen«, sagt er gutmütig, gönnerhaft. Aber sein Blick erinnert mich an jenen Tag nach der Kristallnacht. Ich trat aus dem Mietshaus, in dem meine Freundin wohnte; auf der gegenüberliegenden Straßenseite standen Leute, eine Frau rief: ›Schon wieder so 'ne Jiddsche!‹ Ein Mann hob drohend den Arm, ich rannte weg. Schwarzgelockte Zöpfe, das war verdächtig genug, und im zweiten Stockwerk des Hauses wohnte eine jüdische Familie.

Auf dem Weg von der Straße zum Friedhofstor berichte ich meinem Begleiter von jenem Vorkommnis. »Kristallnacht!« sagt er. »Was für ein festliches Wort! ›Scherben‹ müßte es heißen.« Sobald er anfängt zu sprechen, bleibt er stehen; er ist kein Peripatetiker. Ein Achtzigjähriger, der in der Schweiz lebt. Ich werde seinen Namen hier nicht nennen, seine Kinder und Enkelkinder sehen es nicht gern, daß man in Büchern und Zeitungen lesen kann: ihr namhafter Vorfahr ist jüdischer Abstammung.

»Ist das so?« frage ich. »In der französischen Schweiz?«

»Das ist so!« sagt er.

N. N. also, nomen nominandum. N. N. nennt sich einen ›Grünflächenwanderer‹; ein Park steht ihm für seinen Vormittagsspaziergang in Genf nicht zur Verfügung, nur eine Grünfläche.

Wir gehen mit kleinen Schritten, bleiben immer wieder stehen, um miteinander zu plaudern. Das feuchte Laub macht Steine und Stufen glitschig. Es hat aufgehört zu regnen. Aber von den Kastanien und Platanen tropft es bei jedem Windhauch. Efeu und Immergrün überwuchern Gräber und Grabsteine. Ein Friedhofsgärtner überwacht die Alterserscheinungen und schneidet die Ranken zurück, die Namen und Lebensdaten auf den Steinen verdecken, trägt Sorge, daß Wege und Treppen für die Besucher begehbar bleiben, so wenige auch kommen. Blanke Obeliske. Zerbröckelnder Sandstein.

»Il pleure dans mon cœur / Comme il pleut sur la ville.« N. N. zitiert Verlaine. Wir sagen uns Friedhofsgedichte auf, nicht ironisch, eher heiter.

»Der Tag geht regenschwer und sturmbewegt / Ich war an manch vergeßnem Grab gewesen.« N. N. summt die Melodie von Brahms dazu.

Keine Farben, keine Blumen, welkendes Farnkraut. Wir machen vor den Gräbern seiner Großeltern halt. Er beschreibt mir eine Blume, deren Namen er nicht weiß, er kennt sie von den Autobahnrändern her. Pflege wird sie nicht benötigen, meint er, zieht eine einzelne gepreßte Blüte aus seinem Notizblock und hält sie mir hin. Er muß nicht erklären, warum er diese Blume gern auf den Gräbern seiner Toten sähe: Sie erinnert in Farbe und Größe an den Stern, den die Juden in Deutschland tragen mußten.

»Johanniskraut!« sage ich.

»Der Prophet in der Wüste! Johannes!« entgegnet er. »Das würde doch passen!« Dann erzählt er von seinem Großvater: »Er war ein Patriot!« sagt er und hebt die Stimme. »Als nach dem glorreichen Sieg über Frankreich das Deutsche Reich im Spiegelsaal zu Versailles proklamiert wurde, hat er auf dem Balkon seiner Wohnung in der Hohenzollernstraße ein Feuerwerk abgebrannt.«

Wir gehen ein paar Grabreihen weiter; wir statten Besuche ab. Ich lese Namen: ›Salomon‹, ›Nathan‹, ›Isaak‹ und ›David‹. Es ist, als läse ich im Buch der Könige. Frauen mit den Vornamen ›Judith‹, ›Rahel‹, ›Rebecca‹, aber auch ›Blüma‹ und ›Perle‹.

»Königlich preußischer Kommerzienrat!« N. N. lacht respektlos auf und bleibt stehen. »Der Titel war im Deutschen Kaiserreich käuflich«, kommentiert er. »Moritz Gottschalk, Lieferant von Feldlazaretten im letzten Krieg . . .« Er verbessert sich sofort: »Im vorletzten Krieg! Sein Sohn, das Karlchen, wurde wegen seiner Häßlichkeit von den jungen Damen beim Tanzstundenball verspottet. Es gab einen Ball der Tränen! Sein Vater hatte Beziehungen, er konnte den Sohn vom Kriegsdienst zurückstellen lassen. Als sein Karlchen schließlich doch eingezogen wurde, zur Artillerie, sorgte er dafür, daß sein Sohn wenigstens auf die Schreibstube kam; er wurde nach Ostpreußen versetzt und ist dort an der Cholera gestorben.«

Wieder bleibt N. N. vor einem Grab stehen, wieder lacht er auf, liest mir die Namen vor. »Nach einer mühsamen Ehe müssen die beiden jetzt in alle Ewigkeit nebeneinanderliegen, was sie doch ihr Leben lang vermieden haben.«

Wir setzen unseren Bußgang fort. »Wer hier liegt, wird nach jüdischem Glauben nicht auferstehen«, sagt N. N. »Die Christen erwarten die Wiederkehr, für die Juden ist

*Der jüdische Friedhof im Kasseler Stadtteil Bettenhausen.*

der Erlöser noch gar nicht gekommen . . . Was für eine
Religion«, fügt er dann hinzu. »Nicht zehn Gebote stellt
man auf, was ja schon viele sind, sondern 613 Gebote!
Gebrauchsanweisungen für Essen und Trinken und Klei-
dung und Ehe und Arbeiten und Beten!« Er gibt dem Gespräch eine rasche Wendung, theologische Gespräche
scheint er nicht zu schätzen. Ihm geht es um das Mensch-
liche. Er zeigt auf einen Stein. »Das war ein schönes
Mädchen!«

Unter dem Geburtsdatum steht kein Sterbedatum,
statt dessen: ›Theresienstadt‹. N. N. ahmt die Stimme
Hitlers nach: »›Ich habe den Juden eine eigene Stadt erbaut!‹« und fährt mit normaler Stimme fort: »Die jungen
Mädchen waren oft schön, aber im ganzen doch: keine
schöne Rasse! Wenn an den jüdischen Feiertagen die Juden zur Synagoge gingen, riefen die Passanten: ›Die Na-
senkönige ziehen durch die Stadt.‹«

Auch ich erzähle, was mir so einfällt.

»Einer meiner Onkel besaß eine deutsche Dogge, der er allerlei Kunststücke beigebracht hatte. Er soll ihr, hieß es, ein Stück Fleisch auf die Schnauze gelegt und gesagt haben: ›Es ist vom Juden!‹ Und dann soll der Hund das Fleisch nicht angerührt haben. Als Kinder staunten und lachten wir darüber!«

Ich zitiere: ».. . and if you will – remember, and if you can – forget.« Eine Weile reden wir über die Eigenmächtigkeit eines Gedächtnisses.

Vor einer großen Grabstätte bleiben wir wieder stehen. Paul Wertheim. »Der treueste Kamerad« in Goldbuchstaben unter dem Namen. »Dieser treueste Kamerad sah zu, daß er Leutnant wurde«, berichtet N. N. »›Die Welt fängt erst beim Leutnant an!‹ pflegte er zu sagen. ›Sonst kann man sich nach dem siegreichen Ende des Krieges in der Heimat nicht sehen lassen!‹«

Er erkundigt sich, was aus dem Bankhaus Wertheim geworden sei, das einmal am Königsplatz stand. Ich erteile Auskunft. Es ist vom Erdboden verschwunden. Nur eine Marmorsäule vom Portal blieb erhalten; sie steht ohne Angabe der Herkunft auf einem neuen Freizeitgelände.

Der, der neben mir geht, der nicht aus einem reichen Bankhaus stammt, der eine Offizierskarriere nicht machen konnte, sie aber auch nicht machen wollte, sagt, was er damals schon gesagt hat: »Was mit einem Verbrechen anfängt, kann nicht gut ausgehen.« Später, in Holland, als er durch die Kaiserin Hermine, die er sehr verehrte, ›Seiner Majestät‹, dem abgedankten deutschen Kaiser, vorgestellt werden sollte und als er sah, daß man die kaiserliche Hand zu küssen hatte, zog er sich zurück: »Blutige Hände küsse ich nicht!«

Wir gehen über den neuen jüdischen Friedhof – er liegt

jenseits der Straße, gleich neben dem christlichen Friedhof – und stehen vor der Grabstelle seiner Eltern. »Er ist gerade noch rechtzeitig gestorben«, sagt er von seinem Vater. »Dabei war er ebenfalls ein patriotischer Deutscher gewesen, wie sein Vater! Nur im Gottesdienst sprach er hebräisch und jiddisch.«

Er blickt sich um, beklagt, was mir so wohlgefällt: die Stille, die Dunkelheit unter den Bäumen. »Keine Marmorengel! Keine schönen Allegorien! Ihr sollt euch kein Bildnis machen! Der Befehl des Propheten hat jede künstlerische Tätigkeit der Juden verhindert, bis tief ins neunzehnte Jahrhundert! Was für ein Verlust! Was für ein Mißverständnis! König Salomo hat sich vier Engel aus Stein hauen und in den vier Ecken seines Tempels aufstellen lassen!«

Seine Mutter liegt nicht hier, nur eine Gedenktafel erinnert an sie. Ein Datum, ein Ort in Polen. Zum ersten Mal erzählt er mir von seiner Mutter. »Sie trug keinen Schmuck. Sie hielt die anderen jüdischen Frauen, die sich mit Ringen und Ketten putzten, für halbe Orientalinnen. Als sie im Hitlerreich flüchten mußte und Unterschlupf suchte, besaß sie keine Kolliers und keine Ringe, mit denen sie hätte bezahlen können . . .«

Zum ersten Mal kommt mir der Gedanke, daß jüdische Frauen aus angeborener Furcht und Vorsicht ihr Vermögen am Leibe trugen. An dem Gedenkstein für die Opfer des Nationalsozialismus gehen wir vorüber. Dreitausend Mitglieder zählte die jüdische Gemeinde in meiner Stadt im Jahr 1938; als man 1954 einen Betsaal für die neue zionistische Gemeinde einweihte, waren es keine hundert mehr. Aber ich weigere mich, in Zahlen zu denken. Dreitausend, sechs Millionen, ich lese statt dessen das Schicksal einzelner von ihren Grabsteinen ab. Ich gehe neben einem Überlebenden.

»Eine Grabstätte möchte ich Ihnen noch zeigen«, sagt er und faßt mich beim Arm. Wir irren suchend umher, sind schon ein wenig ermüdet, finden schließlich das Grabmal doch noch. Lorbeerkranz und Halbmond, in Stein gehauen. »Ein Heldentenor!« sagt N. N. »Ein gefeierter und vom Publikum geliebter Wagner-Sänger! Siegmund Weltlinger! Als Primaner habe ich keine seiner Vorstellungen versäumt . . . Aber schön war er auch nicht, nur die Stimme!« fügt er hinzu.

»Kennen Sie die Anekdote von Werner Krauss?« frage ich. »Nach dem Krieg – nach diesem Krieg! – lebte er in Berlin, war schon recht alt. An einem Sonntagmorgen stattete er, in Cut und Zylinder, einem alten ehemaligen General, in Dahlem war es wohl, einen Besuch ab. Der alte Herr fühlte sich sehr geehrt, behandelte den berühmten Gast höflich, war aber doch auch verwundert und erkundigte sich beim Abschied, was ihm die Ehre des Besuchs verschafft habe. Und Krauss soll sich verneigt und geantwortet haben: ›Ich habe mir vor kurzem eine Grabstelle gekauft und wollte meinen künftigen Nachbarn kennenlernen.‹«


Wir haben das Tor wieder erreicht. Während ich mit dem schweren Eisenschlüssel abschließe, zitiert N. N. noch einmal, diesmal Liliencron, die Schlacht von Kolin. »Doch einst bin ich und bist auch du: / Verscharrt im Sand zur ewgen Ruh, / Wer weiß wo.« Alles ist übertragbar, wenig Neues unter der Sonne.

Wir gehen zum Eingang des alten Friedhofs zurück. Ich habe ihn nicht gefragt: Wo wollen Sie begraben sein? Er gehört nicht mehr der mosaischen Religionsgemeinschaft an; er gehört auch nicht mehr zu den Deutschen. Wo gehört er hin? Sein literarischer Nachlaß wird ins Schiller-Archiv kommen; das ist ihm wichtig.

Unser Taxifahrer, den wir für die Rückfahrt bestellt hatten, steht wartend neben dem Tor. Er kommt auf uns zu, er weiß hier offensichtlich Bescheid, nimmt uns den Schlüssel ab und hängt ihn hinter dem Tor an einen dafür vorgesehenen Haken. Auf der Rückfahrt berichtet er unerschrocken, daß er als Junge in Krefeld gelebt habe. »Als die ›Rheinstraße‹, die nach Uerdingen führt, in ›Adolf-Hitler-Straße‹ umbenannt wurde, habe ich als Hitlerjunge Spalier gestanden, und der Führer ist genau vor mir stehengeblieben und hat mir mit der Hand übers Haar gestrichen! Ich war stolz und wurde von meinen Kameraden beneidet. Ich habe mir vier Wochen lang die Haare nicht gewaschen.«

Wir haben zu seinem Bericht nichts zu sagen und nichts zu lachen. Als wir ins Haus gehen, sagt mein alter Freund: »Ich habe ein wenig kalte Füße bekommen.«

(1978)

# Eine Überlebensgeschichte
(Herbert Lewandowski)

*Herbert Lewandowski 1973 in Kassel während der gemeinsamen Feier mit den ›Überlebenden‹ aus Christine Brückners ›Überlebensgeschichten‹.*

# Lewan, sieh zu!

Er sucht den jüdischen Friedhof in K. auf; die Gräber sind eingesät, der Friedhof wird von der Stadt in Ordnung gehalten. Blumen wären ihm lieber, aber er kann sich die Kosten für den Gärtner nicht leisten. Das Postscheckkonto, das er noch lange Zeit in der Bundesrepublik unterhielt, wurde inzwischen wegen Geringfügigkeit aufgelöst. Der Regen hat die Grabinschrift ausgewaschen. Mit Pinsel und Farbe zieht er Namen und Daten nach. Jacob L., 1860–1936, sein Vater; gestorben und begraben in K. Sieben weitere Gräber und eine Gedenktafel für Lina L.-Mecca, geb. 2. 2. 1875, und Hans L., geb. 10. 2. 1911; beide umgekommen in Polen: die Mutter und der jüngere Bruder. Die hebräischen Inschriften auf der Rückseite der Grabsteine kann er nicht lesen.

Louis L. (siehe auch ›Großer Brockhaus‹ 1932: L., Louis, Komponist, geb. in Wreschen bei Posen, 3. April 1821, gest. in Berlin, 4. Febr. 1894, daselbst seit 1840 Dirigent des Synagogenchores, seit 1866 Dirigent der Neuen Synagoge, erneuert den jüd. Tempelgesang durch Zurückgreifen auf die altjüdisch synagogalen Melodien. Er komponierte Orchester-, Kammermusik- und Chorwerke und vor allem Musik für den Gottesdienst), Louis L. war 1840 aus Polen aufgebrochen und nach Westen gezogen in das liberale Preußen. Hundert Jahre später endet die Geschichte der Familie L. in einem Vernichtungslager in Polen.

Am 12. November 1944 schrieb er aus einem Internierungslager an Hermann Hesse: »Es ist eines der Hindernisse in meinem religiösen Fühlen, daß ich nicht über die Tatsache hinwegkomme, daß die Gottheit die Menschen hätte glücklich machen können und daß sie es nicht getan hat. Einen Hund könnte dieser Weltzustand rühren – und einen Gott rührt er nicht?« Kurz bevor er das schrieb, hatte er einem lungenkranken Missionar, der nicht in Afrika wirken konnte, erlaubt, ihn zu missionieren. In einem Spital im unbesetzten Frankreich. Die Männer blieben sich in Freundschaft zugetan.

Sein Vater hatte in den Gründerjahren eine Wollwäscherei gegründet. Er lebte in K., besaß aber einen Paß der Freien und Hansestadt Hamburg, worauf er sein Leben lang stolz war. Ein wohlhabender, freiheitlich denkender Mann, der auf Anpassung bedacht war. Er ließ seinen Sohn am christlichen Religionsunterricht teilnehmen, man lebte in einem christlichen Land. L. liebt vor allem die Auswirkungen des christlichen Glaubens: in der Musik, in der Baukunst, der Malerei, der Dichtung.

Er reist ohne Gepäck. Pantoffeln, Waschzeug, mehr ist nicht nötig. Bedürfnislos, nicht arm. Ein Gast mit der Fähigkeit, sich unsichtbar zu machen. Er wird zur Buchmesse nach Frankfurt weiterreisen. Da werden sie sagen: Der alte Lewan! Lebt der denn noch?

K. ist seine Geburtsstadt; er hat einst hier das humanistische Gymnasium bis zum Abitur besucht. Dort, wo sein Elternhaus stand, befindet sich heute eine Tankstelle. Schule, Theater, nichts steht mehr dort, wo es einmal stand. Die Stadt hat bei Luftangriffen schwer gelitten. Man hat ihm nach Kriegsende angeboten, das ererbte Grundstück gegen lebenslängliches Wohnrecht in einer Wohnsiedlung einzutauschen, aber er wollte nicht nach Deutschland zurückkehren.

Wiedergutmachung im Verhältnis zehn zu eins.

»Musique à Grandpapa«, sagen die Enkel, wenn er Opern von Wagner und Strauss hört. In seiner Familie spricht keiner mehr deutsch.

Wir sehen im Fernsehen ein Stück von Arthur Schnitzler. Er sagt anschließend: »Warum bringen sie nicht das ›Abschiedssouper‹ von Schnitzler? Dasselbe Thema! Aber heiter abgehandelt!«

Nach seiner Ansicht kann man Kriege nur noch aus der Sicht eines Schweijk, eines Jacobowski darstellen.

Einer der Schauplätze seines Lebens: Soprano bei Solgio im Bergell. Das Valle Bergella zieht sich von Ost nach West durch die schweizerischen Alpen. Monatelang erreicht die Sonne die Talsohle nicht. Die Internierten steigen von Oktober bis März an jedem Tag so weit den Berg hoch, bis sie die Sonne erreicht haben. Schneegrenze, Baumgrenze, Sonnengrenze.

Er lobt die Schweizer, sie waren seine Gastgeber; seit 1966 besitzt er einen schweizerischen Paß. Man läßt ihn in Frieden leben, etwas anderes erwartet er nicht. An geistigen Fähigkeiten ist man weniger interessiert; wichtig ist, daß er dem Staat nicht zur Last fällt. Sein Geld bekommt er aus der Bundesrepublik. Eine ›Rente für Schaden im Beruf‹, die ihm ein Dokument verschafft hat, das die Unterschrift des Josef Goebbels trägt; es besagt, daß der Verlag, den Dr. L. in den dreißiger Jahren von Holland aus leitete, im Handelsregister gelöscht sei. Sechshundert Mark monatlich zuerst, jetzt etwas mehr als tausend Mark; davon können zwei alte Leute leben, wenn sie bescheiden sind, auch in Genf. Kleine Beträge aus seinen Buchveröffentlichungen kommen hinzu. Nachmittags helfen er und seine Frau dem Sohn im Briefmarkengeschäft. Keine Schulbildung, kein Studium für die Kinder; sie sind im Untergrund aufgewachsen, in Armut. Auch die Enkel konnten nicht studieren. Tausendjährig ist das Dritte Reich in seinen Auswirkungen. Die Schäden verwachsen sich nicht in einer Generation.

Er hat niemals eine Zeile gegen das Land geschrieben, aus dem er stammt, zu dem er eine unerwiderte Liebe hegt. Er hat tausend Jahre geschwiegen. Auf einem PEN-Kongreß in den fünfziger Jahren sagt der Verleger Peter Suhrkamp zu ihm: »Sie glauben doch nicht, daß ich einen sechzigjährigen Autor durchsetzen kann? Es ist zu spät, man muß heute viel früher beginnen.« Viel früher: da flüchtete er durch Europa, überwinterte in Lagern. Erst als das Ende des Krieges abzusehen war, fing er an, mit Balzacscher Wut zu schreiben, zog Schleusen auf, schrieb, was sich in zwei Jahrzehnten angestaut hatte.

»Kein Mann gedeiht ohne Vaterland!« Er zitiert Storm.


Als er endlich hätte reisen können, ist er schon zu alt zum Reisen, da staunt er nicht mehr, da registriert er nur noch. Der Marcusdom. Der Capitolinische Hügel. Er kennt das alles längst von Bildern. Er ermüdet leicht, möchte mittags eine Stunde ruhen, er ist zu dieser Zeit fünfundsechzig Jahre alt. Rentenalter.

Er hört keine Nachrichten im Rundfunk, sieht keine Tagesschau im Fernsehen, liest in den Zeitungen nur das Feuilleton. Er lebt in einem Land, das geringes politisches Interesse von ihm erwartet. Er trinkt nicht. Er raucht nicht. In seinem fünfundsiebzigsten Lebensjahr stellt er keine Ersatzansprüche an die Krankenkasse.

Er lobt die Schweizer: Der Dichter Arnold Krieger besaß im Krieg lediglich einen Tagesschein für die Schweiz. Immer, wenn er seine Ausweisung erhielt, erwartete seine Frau gerade ein Kind; also durfte er aus humanen Gründen bleiben; er blieb fünf Jahre.

Er lobt auch die Franzosen: Die Polizeistreife, die man auf die Deutschen angesetzt hatte, suchte zunächst einmal ein Bistro auf. Trinken wir einen Wein! Essen wir! Das gab den flüchtenden Deutschen einen Vorsprung. Er verdankt der Laxheit der Franzosen seine Rettung: unter den Deutschen hätte er kein Nadelöhr gefunden. Bis zum Einmarsch der deutschen Truppen hatte er in Paris gelebt. Briefmarkenhandel.

Seine Ähnlichkeit mit Charlie Chaplin!

Im Ersten Weltkrieg war er ein begehrter Briefeschreiber für seine Kameraden. Da hat sich ein schriftstellerisches Talent noch bezahlt gemacht, sagt er, als noch nicht alle Leute lesen und schreiben konnten! Unter die Briefe schrieb er: Schicke bitte auch für meinen Kameraden, der Dir diesen Brief geschrieben hat, eine Wurst mit!

Von 1914 bis 1918 kämpfte er für das Deutsche Reich. In Serbien, Mazedonien, Rußland und auch in Polen, dem Land seiner Herkunft. Von 1933 bis 1945 kämpfte das Deutsche Reich gegen ihn. In seiner ironisch-satirischen ›Lebensbeichte‹ steht: »Stoß deinen Gegner mit dem Bajonette / Sonst stößt er seines in deinen werten Bauch!« Ein Pazifist zwischen Enthusiasten.

In der Zeit des Stummfilms schreibt er Filmszenarios, ist Chefredakteur einer Filmzeitschrift, Dramaturg einer

Berliner Filmgesellschaft. Auf Wunsch des Vaters studiert er Germanistik, promoviert zum Dr. phil. in Bonn und übernimmt Vertretungen, vertritt zwanzig Firmen in Holland, darunter eine für Straußenfedern. Aber die Zeiten für Straußenfedern waren vorbei, sogar auf der Bühne. Ein Buchhändler in Utrecht stellt ihn gegen Kost und Logis ein, dann macht er sich selbständig: Buchhandlung und Verlag, Sitz in Holland; aber die Kunden leben in Deutschland. Er bezieht eine Wohnung, und seine Frau klebt Zeitungen vor die Fensterscheiben, damit die Nachbarn nicht sehen, daß sie keine Möbel besitzen. Kinder.

Lewan, sieh zu! Ein altgewordener Felix Krull. Er schlägt sich nicht durch, er schlägt Haken, geradeaus ging es nie. Er ist an Umwege gewöhnt. Wenn es nicht weitergeht, fragt er: Lewan, was kannst du sonst noch? Er kann schreiben. Wenn die Leute etwas anderes lesen wollen, muß er etwas anderes schreiben. Er ist auf Anpassung eingestellt und angewiesen. Er schreibt über sexuelle Sitten und Unsitten in fremden Ländern und hat Erfolg. Er ist fleißig, belesen, schreibt mit leichter Hand. An den Sonntagen des Jahres 1925 schreibt er über ›Das Sexualproblem in der modernen Literatur und Kunst‹. Ab 1929 nimmt er an den Kongressen der ›Weltliga für Sozialreform‹ teil.

Den Namen Adolf Hitler spricht er nicht aus. Der österreichische Kunstmaler, sagt er, dieser Anstreicher. Verächtlich, ohne Haß; der Haß hat sich abgenutzt. Ein Phantom, das er nach dreißig Jahren noch nicht begreift. Im Schweizer Lager teilt er das Zimmer mit drei weiteren Internierten. Später brauchen sie sich nur noch bei der täglichen warmen Mahlzeit zu melden. Man stellt ihnen kleine schwarze Baskenmützen zur Verfügung, daran erkennen sie einander in der Stadt. Er und zwei andere Internierte kaufen sich französische Baskenmützen mit großem Teller. Er will sich unterscheiden, wollte sich immer unterscheiden, ein Sonderling, aber keiner von der unbequemen Art. Er konnte es sich nie leisten, jemandem unbequem zu werden. Die schwarze Baskenmütze mit dem großen Teller trägt er noch heute; er ersetzt sie alle paar Jahre, ein Emigrant noch immer.

Im Lager – Solgio im Bergell – darf er sonntags das Harmonium in der Dorfkirche spielen. Die Gemeinde ist Bauernhände gewöhnt; man verehrt ihn wie einen Virtuosen.

Er beherrscht die Kunst des Gönnens; auch die des Bewunderns.

Seine Lebensgeschichten sind zu Anekdoten zusammengeschrumpft. Mumien, die zerbröckeln. Sie halten mich für einen alten Pessimisten? fragt er. Ein heiterer Pessimist. Ein junger alter Mann.

Er lebt noch, also schreibt er weiter, schreibt gegen die Vergänglichkeit und Vergeblichkcit an. Leben ist gleich Schreiben, eines der Beweis für das andere.

Seine Rousseausche Ader. Auch Rousseau lebte am Genfer See. Er ist freimütig in seinen Äußerungen, seit 1942 führt er ein Tagebuch, jetzt füllt er das sechzigste Heft, das soll das letzte sein. Die übrigen Tagebücher liegen in der Universitätsbibliothek in Bern, einige Bibliotheken haben Mikrofilme davon angekauft, auch die Landesbibliothek seiner Vaterstadt K. »In der Jugend ist man ein Krösus der Phantasie, aber man weiß wenig von der Welt, ahnt nicht, wie schwer der bescheidenste Wunsch zu verwirklichen ist«, damit beginnt er das Vorwort zu den ›Jugendtorheiten‹, der Neuauflage seiner ersten Novellen. Ein kleines freches Decamerone.

Er lebt und schreibt dieses Leben zu Ende. Keine weiteren Fragen.

Er klebt Exlibris in die Bücher seiner Bibliothek. Soll er sie katalogisieren? Für wen? Seine Kinder und Enkel lesen keine deutschsprachigen Bücher, lesen überhaupt wenig.

Er hat immer mit Kunst zu tun gehabt, auch mit Musik, zumeist aber mit Literatur. Er las, er schrieb, er druckte Bücher, er verlegte Bücher, verkaufte Bücher. Das Schreiben ist das Wichtigste; wobei sich sein Genie am größeren Genie entzündet. Er betreibt Verhaltensforschung bei den Genies, ein Behaviorist der Künstler, sucht in Leben und Kunst nach den Antrieben und Spielregeln der Genies. Die Kunst der Interpretation ist eine Begabung der jüdischen Rasse: Klaviervirtuosen, Psychoanalytiker, Übersetzer, Kunsthistoriker, Literaturkritiker. Einfühlung, die in zweitausend Jahren eingeübt werden mußte. Als er in Holland lebt, teilt er seinen langen polnischen Namen in drei Teile, unter dem neuen Namen wird er bekannt. Seine Biographien sind temperamentvoll geschrieben, sehr persönlich, nicht objektiv. In der Schweiz erscheint eine dreibändige Sammlung über die Beziehung von Genie und Eros, dann auch in der Bundesrepublik, in anderen Sprachen, sie bringt ihm Erfolg und Anerkennung. Das ist schon wieder zwei Jahrzehnte her.

Er wirkt jung, nicht jugendlich. Kein Versuch, mithalten zu wollen. Das Eigenschaftswort ›neu‹ stellt keinen Wertbegriff dar, eher einen Grund zu erhöhtem Mißtrauen. Er schätzt noch heute, was in seiner Jugend ›neu‹ war und sich in sieben Jahrzehnten bewährt hat: Wagner, Strauss, Mahler, Fontane, Nietzsche, der junge Hermann Hesse.

1896 geboren, ein Kind des 19. Jahrhunderts.

Er hat lange in Holland gelebt, er hat in Frankreich gelebt, jetzt lebt er in der Schweiz; immer am Rande von Deutschland, weil er in Deutschland nicht leben durfte, später: nicht mehr leben wollte und konnte. Ein Abenteurer wider Willen. Seine Resignation wirkt überlegen; er scheint vieles besser zu wissen, aber er sagt es nicht, er will niemandem lästig sein, niemanden kränken. Urteile, auch Vorurteile: aber sie gelten einzig für ihn, er erwartet nicht, daß andere seine Ansichten teilen.

Wenn er von seinen Freunden erzählt, enden die Geschichten mit Mord und Selbstmord. Gift und Fenstersturz verlieren in seinem Mund das Sensationelle. Er nimmt dem Witz die Schärfe, indem er die Spitze gegen sich selbst richtet. Jeder darf über die Schwächen des jungen und des alten Lewan lachen. Man lacht gemeinhin über die Schwächen des anderen: Professorenwitze, Irrenwitze, Ostfriesenwitze. Die Juden lachen über sich selbst, machen die anderen lachen. Er muß nicht Beckett oder Ionesco auf der Bühne sehen, damit es ihn schaudert. Er liebt die Parks, liebt die Oper, schöne Stimmen, den mit Esprit geführten Briefwechsel.

In der Bundesrepublik kommt er sich vor wie einer, der noch immer in deutscher Schrift schreibt, während die anderen seit fünfzig Jahren lateinisch schreiben.

Auf der Flucht nach Ägypten und bei der Rückkehr nach Palästina legten die Juden Steine dorthin, wo sie einen

Toten begraben hatten. Der Wind trieb den Wüstensand über das Grab, ein Steinhügel blieb zurück.

Bevor er den jüdischen Friedhof in K. wieder verläßt, legt er auf jedes der Gräber einen Stein, zum Zeichen, daß er dagewesen ist, als Gruß für den nächsten Besucher. Es kommt außer ihm niemand mehr; der einzige Bruder lebt seit 1937 in Portland/USA.

(1973)

# Gärtchen Eden

*Hebe-Statue mit ›Sommergaben‹ im Garten der Autorin.*

# Der Frühling kommt aus Cadiz

Ich bin für Ordnung, auch bei den Jahreszeiten. Winter im Winter und Frühling im Frühling. Was für ein unnötiger Ehrgeiz der Floristen, uns zu Weihnachten Gladiolen aus Südafrika einzufliegen. Weißen Flieder – wozu das? Christrosen im Dezember und Maiglöckchen im Mai!

Manche schneiden am Barbaratag Zweige vom Kirschbaum, hegen und pflegen sie, rauben den Staren und Amseln köstliche Süßkirschen, pfundweise! Wozu die Eile? Kaum ist der Schnee weg, was sieht man im Vorgarten: die ersten Schneeglöckchen! Diese tapferen Vorboten des Frühlings haben sich allen kommerziellen Verführungen widersetzt; niemand versorgt uns im August mit Schneeglöckchen. Kaum hat man sie gezählt und in Briefen und per Telefon von ihnen berichtet, da kommen schon die ersten gelben Fürwitzchen hervor, deren Familiennamen ich nicht kenne. Nahe der wärmenden Hauswand sprießen bereits die ersten Krokusse, zunächst die gelben, aber bevor man sie vorführen kann, werden sie von den vitaminhungrigen Amseln verspeist. Was reizt sie an der Farbe Gelb? Die männlichen Amseln sind gelbschnäblig, sind da bereits andere Triebe im Spiel?

Eines Morgens ist alles vorbei, der Vorvorfrühling, der in den Vorgärten stattfindet, ist zu Ende: Es schneit. Ich gönne mir einen Besuch im Gewächshaus, es steht im Park Wilhelmshöhe, nahe beim Schloß, eine berühmte frühindustrielle Eisen-und-Glas-Konstruktion. Schon im Kassenraum blühen mir Narzissen und Primeln entgegen. An den Wänden: blühende Kastanienbäume! Illusionsmalerei, die mich erfreut. Noch eine Tür, und dann: Mimosen, Kamelien, Azaleen, Rhododendren, übereinander, untereinander, ein Rausch an Farben und Düften, schwindelerregend. Wo bin ich? In einem Treibhaus? In einem Übertreibhaus!

Solche Ausschweifungen gestatte ich mir allenfalls einmal im Jahr, das Gewächshaus verdirbt die Maßstäbe, wir befinden uns hier in Nordhessen. Die Jahre, in denen ich dem Frühling bis ins Tessin entgegenfuhr, sind vorbei; ich bin ruhiger geworden. Zurück zu den sieben tapferen Schneeglöckchen, die den Winterrückfall überstanden haben.

Der Frühling kommt aus Spanien, aus Cadiz, mit dreißig Kilometer Tagesleistung reist er von Südwest nach Nordost. Seine Fortschritte beobachtet man abends auf dem Bildschirm. Baumblüte an der Bergstraße! Mit überhöhter Geschwindigkeit, im Galopp, erreicht er dann plötzlich Nordhessen. Die Luft riecht anders, schmeckt anders. So schnell kann man nicht blicken und nicht zählen. Wo hat man im November noch rasch eine Handvoll roter Tulpen versteckt, die Zwiebeln meine ich. Es ist wie ein Ostereiersuchen. Hätte man die Rosen beschneiden sollen? Auf drei Augen nach Gärtnerart? Ich halte nichts von Beschneiden! Bei uns wachsen die Rosen mannshoch, man muß sich nicht bücken, um daran zu riechen. Wir sitzen hinter einer Rosenhecke den lieben langen Sommer lang. Ich zähle mein Leben nach Sommern, nicht nach Lenzen. Wie viele noch?

In den Vorgärten blühen inzwischen die Forsythien

und die Mandelbäumchen, ein wenig übertrieben, meine ich; das blüht und blüht und bringt doch nichts, keine einzige Mandel im Herbst. Da sind mir die Kirschbäume doch lieber und die Apfelbäume. Diese blühenden Apfelgärten im Mai! Ich rede nicht von unserem Garten, unser Garten ist ein Gärtchen. Der erste Löwenzahn! Die ersten Gänseblümchen, jetzt ist es Zeit, eine ›Grüne Soße‹ herzustellen, das hessische Nationalgericht, von Goethe gelobt. Was fehlt, gibt es bei der Marktfrau: Schnittlauch, Pimpernell, Borretsch, den eigenen Löwenzahn, ein paar Gänseblümchenknospen dazu; elferlei Kräuter sollen es sein, dazu fetter saurer Rahm, frische Pellkartoffeln. Man riecht nicht nur, daß Frühling ist, man schmeckt ihn auch, hat ihn zwischen den Zähnen: Sauerampfer! Wir essen zum ersten Mal auf der Terrasse, einen wärmenden Heizstab im Rücken. Der Garten ist noch durchsichtig, alle Nachbarn können uns sehen. Statt ›Guten Tag‹ rufe ich ihnen ›Frühling‹ zu. »Du übertreibst«, sagt Kühner.

Die Nachbarn im Frühling! Während des Winters hat man sich nicht gesehen, und sobald das Buschwerk sich begrünt, wird man sich nicht mehr sehen, aber jetzt, bei diesen Kontrollgängen, da sieht man sich, tauscht seine Beobachtungen über die Winterschäden aus, verkündet seine Triumphe. Der Lavendel schlägt aus! Großherzig biete ich Ableger an; unter allen Büschen blühen die Veilchen. Es ist nicht leicht, die ersten Veilchen im Garten anzusiedeln, aber noch schwerer ist es, sich ihrer zu erwehren. Wie kommt es, daß Veilchen so gut bei uns gedeihen? Die Amseln nisten! Mehrere Rohbauten haben sie bereits, weil ungeeignet, aufgegeben. Nisten ist ein Vertrauensbeweis. Unser Feuerdorn ist absolut katzensicher. Die erste Hummel! Der erste Kohlweißling. Nein – zwei Hummeln, zwei Kohlweißlinge, und die Enten im

Park: paarweise. Und die Schwäne: paarweise – das führt jetzt zu weit.

Während ich noch staune, bewundere, zähle, harken und hacken die Nachbarn bereits.

(. . .)

Die Glyzinie des Nachbarn geht in diesem Mai ein zärtliches Verhältnis zu unserer Schwarzwaldfichte ein; blaßlila schaukeln sich die Blütentrauben hoch oben in den Zweigen. Als wir vor langer Zeit einmal im Schwarzwald wanderten, hast du dich an jene Tannen erinnert, unter denen dein Bettkasten stand, und hast vom Rauschen der Schwarzwaldtannen erzählt, das tief in deine Kinderseele eingedrungen sei. »Ein Tag zum Bäumeausreißen«, sagtest du, bücktest dich, zogst einen handspannengroßen Sprößling aus der moosigen Erde, was nicht beabsichtigt war. »Nun nimm ihn auch mit«, verlangte ich, und wir hüllten feuchtes Moos um die Wurzeln, pflanzten ihn Tage später irgendwo in unser Gärtchen, etwas achtlos, viel Platz beanspruchte er nicht, er wuchs langsam, aber jährlich um das Doppelte. Natürlich paßte er nicht in den Garten, hier paßt ja nichts, lauter Liebhabereien, Zufälligkeiten. Am Ende ist daraus aber ein Paradiesgärtlein geworden. In unseren Augen. Diese Fichte, die wir jahrelang mit ›Tanne‹ anredeten, fühlt sich wohl in Hessen, macht sich breit, will zeigen, was eine Schwarzwaldtanne ist, drängt links den Feuerdorn und rechts die japanische Kirsche beiseite, im Frühling und Sommer sitzt unsere Amsel auf den höchsten Zweigen und schmettert Morgen- und Abendlieder. Sie wirft Schatten auf die Rosen, die wir doch auch lieben, und deshalb nehme ich ihr im Herbst ein paar der unteren Zweige weg, mit denen sie im Winter die Rosen schützt, denen sie im Sommer schadet. Inzwischen ist sie zwanzigjährig und in Lebensgefahr, sie verdunkelt unsere Arbeitszimmer zu allen Jahreszeiten, man kann sie nicht lichten wie einen Laubbaum. Nach dem letzten heißen Sommer wird sie von unten her trocken. Wie Reisig. Wir stellen Mängel an ihr fest, um die Trennung vorzubereiten. Wir meinten, daß sie für eine Baumlänge bei uns bleiben würde, an Fällen hatten wir nie gedacht. Noch ist das letzte Wort nicht gesprochen. Vielleicht erweist sie sich als die stärkere? Bäume haben immer recht! Der alte Quindt hat mir seine Ansichten über Bäume vererbt.

Nachtrag: An einem frostklaren Dezembertag wurde der Baum sachkundig gefällt. Das obere Drittel stand als Lichterbaum, mit vielen Tannenzapfen behangen, auf der Terrasse. Wochenlang erleuchtete er die Gärten, leuchtete in unser Haus, ein Rotkehlchen hat den Umzug mitgemacht. Was für ein festliches Ende!

(. . .)

Es ist Anfang August, der Herbst ist noch weit, aber vom Kirschbaum fallen bereits Blätter herab, von weitem leuchten sie gelb aus dem Gras, eines schöner als das andere, jedes ein Kunstwerk mit feinverästelten Linien in Rot, in Grün, in Braun, als hätte ein Maler sie hergestellt, als wäre unsere Vorliebe für Horst Janssen in den Garten übergesprungen. Wenn ich an Freunde schreibe, gehe ich vorher in den Garten, wähle das jeweils schönste der Blätter aus und schmücke den Brief damit. Jemand antwortet, ein Naturwissenschaftler: »Liebe c. b., Ihr Kirschbaum scheint krank zu sein.« Das Anormale, das Kranke, das Schöne. Noch liegen die Blätter vereinzelt, noch ein Monat Sommer, dann wird es Herbstlaub sein, das ich zusammenreche, unter die Sträucher packe, damit sich Gregor, der Igel, bei uns einnisten könnte, was er nicht tun wird, er ist nicht häuslich. Hätte ich ein Blatt an Janssen schicken sollen? Aber er schreibt nur

Briefe an die jeweilige unsterbliche Geliebte. Was für ein herrlicher Bildband: ›Frauenbildnisse‹. Jeder seiner Briefe ist ein Bild und jedes Bild ein Brief – er kann gar nicht anders, er nimmt den Stift, und jeder Strich wird zum Bild. Im Film habe ich gesehen, wie das ist, wenn Picasso eine Handvoll Ton greift und zudrückt, zwei Handgriffe, und schon ist es eine Taube, und schon greift er wieder in den Ton und drückt zu, und eine andere Taube entsteht. Wenn Kühner sich versehentlich auf die Tasten seines Cembalos stützt, entsteht Zusammenklang. Wenn er beide Hände auf die Tasten fallen läßt, wird es Musik. So kann es sein. So leicht wird mir nichts.

Gregor kommt nun regelmäßig in der Dämmerung. Er kündigt sein Kommen durch Rascheln und Schnaufen an. Er kennt die Plätze, an denen ich ihm Futter hinlege, trotzdem umrundet er zunächst die Statue der Aphrodite, nähert sich dann den Käsebröckchen, schnüffelt, schiebt sie vor sich her, verspeist sie. Er schätzt Marzipangebäck, gelegentlich ein wenig Banane, manches schiebt er uns vor die Füße: abgelehnt. Frisches Wasser mag er weniger, er bevorzugt die Vogeltränke, die er in der Abendstunde für sich hat. Ansprache schätzt er nicht, domestiziert will er nicht werden. Ein Single. Er ist reinlich, hinterläßt keine Spuren. »Was raschelt dort? Der Igel ist's, der Igel / Vom ersten Abend.« Das zitiere ich oft. Niemand, der diese Zeilen kennt. Als der Krieg ein Ende hatte, als wir hungerten und froren und tanzten, spielten wir Theater, da wollten wir jung sein, da machten wir uns etwas vor, da hatte man uns noch nicht den Mantel der Schuld übergeworfen. Wir spielten kleine Stücke, eines von Rilke, den Titel habe ich vergessen und den Namen dessen, der mir als Page zu Füßen lag, mir, der Gräfin, aber die Zeile »und träume manchmal, daß ich von Euch träume«, die habe ich nicht vergessen. Wir lebten in einem Niemandsland, zwischen Krieg und Frieden. Und wir spielten Hofmannsthal: ›Die Frau am Fenster‹. Wir spielten ohne Requisiten und ohne Kostüme. Die Amme im vertrauten Gespräch mit ihrer Herrin Dianora, sie spricht von der Ergebung in den Willen des Herrn, wiederholt die Sätze, die sie von dem spanischen Prediger im Dom gehört hat. »Es ist alles unentrinnbar, und das ist das große Glück, zu erkennen, daß alles unentrinnbar ist. Und das ist das Gute, ein anderes Gutes gibt es nicht.« Ich habe den Text kontrolliert, ich traue meinem Gedächtnis nicht, aber ich habe kaum ein Wort korrigieren müssen. Der Igel vom ersten Abend. Ein Drei-Personen-Stück, ich war die Souffleuse, beherrschte alle Rollen. »Wie dünn ist alles Glück! ein seichtes Wasser: / Man muß sich niederknien, daß es nur / Bis an die Schultern reichen soll.« Dianora wartet, daß es Abend wird, daß der Geliebte kommt, die Strickleiter hat sie bereits vom Balkon herabgelassen. Statt dessen kommt der brutale Gatte. Er erdrosselt sie mit der Strickleiter, aber vorher, vorher hat sie geredet. »Merk auf, merk auf! *Einmal* darf eine Frau / So sein, wie ich jetzt war, zwölf Wochen lang . . .«

». . . Die's zweimal könnte, wäre fürchterlich.« Am Rand der Buchseite steht mit meiner Handschrift, damals schrieb ich noch mit deutschen Buchstaben: »Soviel zur Untreue.« Immer war ich, bin ich der Ansicht, daß Liebe und Treue und Treue und Liebe nicht voneinander zu trennen sind. »Die's zweimal könnte –«

Die Treue hat an Wert verloren. Aber Gregor erinnert mich – der Igel vom ersten Abend.

Der Sommer legt eine Pause ein. Wochenlang blüht der Jasmin in unserem Garten, in anderen Gärten, im Park. Wenn es dämmert, leuchten die weißen Blüten, verstärkt sich der Duft. Als ich anfing zu schreiben, muß der Jasmin lange geblüht haben; wenn mich meine Erinnerung nicht täuscht, auch noch im August. Ich nannte den allerersten kleinen Roman ›Solange der Jasmin blüht‹, die Geschichte der Liebe, die währte, solange der Jasmin blühte. Ich schickte mein Manuskript an einen Verlag, und ein verständiger Lektor schickte es mir zurück und schrieb: »Wenn erst ein größerer Roman Ihren Namen bekanntgemacht hat, wird man auch diesen kleinen Roman gern veröffentlichen.« Es handelte sich um denselben Verlag, bei dem ich ein Jahr später anonym jenen ›größeren Roman‹ einreichte, für den ich dann den ersten Preis erhielt. Der kleine Roman, der, wie es sein Titel verspricht, sentimental geraten war, tauchte bei Umzügen hin und wieder auf. In diesem Sommer, als der Jasmin so aufdringlich blühte, erinnerte ich mich daran, suchte das Manuskript, um es noch einmal zu lesen und dann zu vernichten. Es ist verschwunden und bleibt es hoffentlich auch.

(1991)

# Die hängenden Gärten
# meiner Kindheit

In meinem Heimatdorf hat man Kirche und Pfarrhaus auf Fels gebaut. Wagte man sich durch die Falltür in den düsteren Keller, sah man auf den Wasserlachen zwischen dem Felsgestein blaue Lichter tanzen. Der Weg zur Kirche, an Pfarrhaus und Garten vorbei, war mit Sandsteinen gepflastert, dort spielte ich ›Himmel und Hölle‹, hüpfte von einem ins andere.

Der Garten, es geht um den Garten, vor dem der alte Nußbaum stand, alt wie das Pfarrhaus, damals wohl auch schon über zweihundert Jahre alt. Mit den fleischigen Hüllen der Walnüsse konnte man sich Arme und Beine einreiben, um braun wie die Zigeuner zu werden; zweimal im Jahr standen Zigeunerwagen am Waldrand. Man rief mir, der Dunkelhaarigen zwischen den flachsblonden Dorfkindern, ›Zigeuner‹ nach, und ich fürchtete mich und hoffte, daß sie mich mitnehmen würden. Das verschmierte Grünbraun haftete lange auf der Haut. Fiel dann das Laub, wurde es aufgehäuft, und ich sprang von der Gartenmauer ins Laub, suchte nach Nüssen, die bald gegessen werden mußten, weil sie rasch schimmelten.

Im Herbst 1934, als wir Pfarrhaus und Dorf verlassen mußten, fand man unterm Laub eine weggeworfene Pistole, nach einer Hausdurchsuchung – Schatten ziehen

*Blick auf den alten Pfarrgarten vor Christine Brückners Ge-*
*burtshaus in Schmillinghausen.*

auf. Ich darf meine Kindheit nicht zur Idylle werden lassen; sie war es, aber nicht nur.

In diesem Garten war nichts ebenerdig, nichts recht-
winklig, das machte seinen Zauber aus. Wie viele Quadratmeter? Hat man das je vermessen, kann man das?
Eine schmale Öffnung in der Mauer, und schon steht
man auf einer steinernen Treppe, gleich links die Laube,
mit Pfeifenkraut üppig bewachsen. Zwischen den flachen hellgrünen Blättern entdeckte man kleine Pfeifen!
Und mitten in der Laube das große Mühlrad als Tisch,
auf einen Baumstumpf gelegt, und rundum weißer Sand,
der Spielplatz der Töchter. Sand, der in Körben mit einem Leiterwagen vom Steinbruch geholt wurde. In der
Laube wurden die kleinen Kuchen gebacken, die auf der
Mauer ausgestellt wurden, und dort, dort hat man die
erste Fotografie der späteren Schriftstellerin gemacht; sie

trägt ein Batisthemdchen, das sich über dem, was einmal ein Busen werden sollte, strammt, eine unsichtbare Hand stützt von hinten. Es ist Sommer, das Kind also ein halbes Jahr alt, die Ärmchen erhoben, die lachenden dunklen Augen weit geöffnet. In dieser Laube wurden die Hasennester gebaut, mehrere Wege, mit Moos gepolstert, führten dorthin, mit Holzstäben gesichert; der erste Klee für den Osterhasen.

Das Sandkastenalter haben die kleinen Mädchen rasch hinter sich gelassen, sie griffen zu Büchern – in einem anderen Geviert des Gartens. Unterhalb der Laube, durch ein Mäuerchen gestützt, wuchs Nützliches. Die hohe Außenmauer schützte vor den kalten Ostwinden, hier säte die Mutter die Kräuter aus, den frühen Salat, vor allem aber Kresse. Buchstaben für Buchstaben die Namen der Töchter. »Mit Kressesamen, der es bald verrät«, man kann das auch singen. Nach kurzer Zeit mußte dann ein U oder ein H geopfert werden, unter Tränen, mit Streit.

Ein Holundergebüsch! Wie aus den Blütenscheiben Sekt hergestellt wird, das kann ich hier nicht ausführlich beschreiben, er hieß Fliedersekt und wurde am Heiligen Abend und zu Silvester den Kindern serviert. Wir sagten und sangen: »Am Holderstrauch, am Holderstrauch, da weint ein Mägdlein sehr ...« Hinter dem Gebüsch trennte eine hohe Mauer den unteren Teil des Gartens ab, zu hoch, um zu springen, also zurück zur Eingangspforte und dann nach rechts, wo die hohen weißen Lilien wochenlang blühten und an vielen Sommersonntagen den Altar schmückten. Später, als ich in Italien reiste, holte mich in den Kirchen der warme Lilienduft für glückliche Augenblicke zurück in den Pfarrgarten. ›Die Autorin liebt weiße Blumen‹, man schenkt ihr Lilien im Sommer, Christrosen im Winter. Im Frühling blühten dort verschwenderisch die Schneeglöckchen und die Märzenbecher, dann gab der Nußbaum noch keinen Schatten. Eine halbhohe Mauer, von stark duftenden weißen Nelken überwuchert, verband die oberste Terrasse mit der mittleren. Jetzt kam man in den Rosengarten! Rosen aller Art. Es hieß, der Vater könne Rosen okulieren! Gesehen habe ich das nie, bewundert immer. Im Herbst wurden sie mit Tannenzweigen vorm Frost geschützt, im Frühling auf drei Augen zurückgeschnitten, und dort, auf dieser festlichen Terrasse, gab es einen Sitzplatz. Einfache Gartenstühle, man sieht das Modell noch heute in ländlichen Biergärten, sie wurden alle paar Jahre weiß gestrichen. An Festtagen trank man dort Kaffee. Der größte aller Festtage war der Geburtstag des Vaters im Juni, wenn die ersten Erdbeeren reif waren, die ersten Rosen blühten und die Amtsbrüder als Freunde zu Besuch kamen. Man saß im Schatten eines Birnbaums. Eine Bergamotte, nicht birnenförmig, sondern flach, mit rauher Schale, köstlich duftend. Bergamotten – ich liebe das Wort, es belebt meine Erinnerungen. Dort befand sich eine der Grotten. Wer liebte Grotten? Der Vater? Die Mutter? Zwischen den Steinen war die Erde mit Blumen bepflanzt. Wo im Schatten nichts gedeihen konnte, wuchs Farnkraut, hoch genug, daß sich ein Kind darin verstecken konnte. War Versteckspielen mein Lieblingsspiel? Und immer die Angst, daß man mich nicht finden würde; unmöglich, ein Versteck aus eigenem Antrieb zu verlassen.

Die Rosen! Der Vater meiner Mutter, der im Ruhrgebiet Gas- und Wasserwerke baute, dessen Lieblingstochter einen Landpfarrer heiratete, ein Dorf, in dem es weder Wasserleitungen noch elektrischen Strom gab! Er ließ 80 Stockrosen pflanzen, es muß ein Weltwunder gewesen sein, aber es währte nicht lange. Der Großvater kannte das rauhe Klima in Waldeck nicht; bevor er das alte Pfarrhaus modernisieren lassen konnte, ist er gestorben.

Die untere Terrasse, die größte, man erreichte sie auf einer engen vielstufigen Steintreppe, wieder an einem hohen Farngebüsch vorbei, die Mauer fiel steil ab, war von Efeu umrankt, als Mauer nicht mehr erkenntlich. Man konnte herunterrutschen und landete dann im Dahlienbeet der Mutter. Sie liebte Dahlien, ließ sie aus Erfurt schicken, zusammen mit den Sämereien für den großen Gemüsegarten. Im Herbst wurden die Knollen wie Kartoffeln ausgegraben und eingelagert. Sie blühten üppig, schöne Sträuße für den Altar, wahrscheinlich aus diesem Grund so sorgsam gepflegt. Davor, als Einfassung, japanischer Blumenrasen, mit Mohn und Reseda und Schlafmützchen. Sehr schön. Aber die Bienen! Wenn man gegen Abend jäten mußte, dann kehrten die Bienen gerade ins Bienenhaus zurück, und man wurde gestochen oder fürchtete sich, gestochen zu werden. Nur der Vater, der ging nach Pfarrherrenart mit bloßen Händen ins Bienenhaus, er wurde respektiert, trug allerdings eine Haube überm Kopf, aus der seine Pfeife ragte. Natürlich besaß dieser Landpfarrer ein Bienenhaus mit vielen Völkern, natürlich gab es einen Taubenschlag auf dem Dachboden. Wenn die Bienen mit einer neuen Königin ausschwärmten, taten sie es sonntags, zur Kirchzeit, und immer in den Nußbaum; dann schlugen sich die Bauersfrauen die weiten Röcke über den Kopf und eilten in den Schutz der Kirche. Auf der schön geschwungenen Rasenfläche wuchs eine exotische japanische Kirsche, sehr bewundert. Und außerdem stand dort ein Apfelbaum: der gelbe Richard, dessen Früchte wirklich gelb waren, gelb mit schwarzen Flecken. Die Äpfel wurden einer nach dem anderen mit dem Apfelpflücker vom Vater geerntet, eigenhändig, und ausschließlich von ihm gegessen. Nie wieder sah ich einen Apfel, der ›gelber Richard‹ hieß; an den Duft erinnere ich mich.

Und nun wird es unübersichtlich. Bäume und Gebüsch, Haselnußstrauch und weißer Flieder rund um den Teich; die Ufer mit einem Steinbrechgewächs gesichert, rosa blühend mit unschönen fleischigen Blättern. Eine Quelle verhinderte, daß der Teich völlig zufror, sie verhinderte nicht, daß man ausprobieren mußte, ob das Eis hielt. Man ertrank nicht, aber wurde naß und kalt und bekam dann auch noch Schläge. Im Juni, wenn die Wasserlinsen blühten, kamen die Enten auf den Teich, dann konnte man die Eier nicht mehr essen, es hieß, sie seien giftig.

Einer der Nachfolger meines Vaters hat den Teich zuschütten lassen, er hatte sieben Kinder; alle Nachfolger hatten sieben Kinder, soviel ich weiß. Der Garten verwilderte, wurde zum Spielplatz. Der alte Nußbaum ist längst gefällt, die hohe Rotbuche steht noch, auch die Esche; andere Bäume wachsen dort. Die Architektur des Gartens ist noch kenntlich, die Mauern haben standgehalten, immer noch Mauerpfeffer, immer noch Veilchen zwischen den Sandsteinen.

Den weißblühenden großen Rhododendronstrauch habe ich vergessen; dort an dem Weg, der vor einem Farngebüsch am Teich vorbei zur Rotbuche führte, stand eine Bank, da konnte man lesen, hörte den Ruf der Mutter nicht, überhörte ihn.

Was war das für ein Kind, das dort die ersten 12 Lebensjahre verbracht hat, das als zutraulich galt, im Dorf beliebt war? Ich kann dieses kleine Mädchen mit den schwarzen Zöpfen unterm Nußbaum stehen sehen. Es fühlte sich sehr allein. Man rief nicht mehr ›Zigeuner‹, die Zigeuner kamen nicht mehr ins Dorf. Sah ich nicht ein wenig jüdisch aus, wie die Mutter? Das Aussehen genügte schon, der Vater in der Bekennenden Kirche . . . Schatten.

Schatten gibt es nur, wo Licht ist, und es war Licht im Garten meiner Kindheit.

(1996)

# Hat der Mensch Wurzeln?

*Verwurzelt, doch nur vorübergehend: die Autorin in ›ihrem‹ Park.*

# Hat der Mensch Wurzeln?

»Woher stammen Sie denn nun eigentlich?« Diese Frage kommt unweigerlich, wenn man erfährt, daß die Autorin der ›Poenichen‹-Romane nicht aus Hinterpommern stammt, nicht einmal aus dem ehemals deutschen Osten. Keine Heimatvertriebene. Ich spreche Hochdeutsch, keine Mundart verrät mich.

Wir leben nun schon seit zwei Jahrzehnten in Kassel; wir haben uns diese Stadt zum ständigen Wohnsitz gewählt, trotzdem: mit ›Kassel‹ kann ich die Frage nicht beantworten, ich bin keine Hessin. Aber: Das Land, aus dem ich stamme, gehört heute politisch zu Nordhessen. Meine Antwort fällt umständlich aus, ich muß ›eigentlich‹ sagen und ›ursprünglich‹ und ›ehemals‹. Es handelt sich um Waldeck – mehr eine Liebhaberei als ein Herkunftsland, ein kleines Fürstentum, mit Arolsen als Residenz. Sechs Kilometer entfernt, durch die Gebietsreform vereinnahmt, liegt mein Heimatdorf.

Sofort sage ich ›mein‹, als gehörte mir dort alles. Wer mich kennt, weiß, daß ich nur selten ›mein‹ sage. Wenn es einem Waldecker warm ums Herz wird, singt er »Mein Waldeck lebe hoch / mein teures liebes Waldeck, es lebe, lebe hoch . . .« Selbst in Deutschlands größten und großdeutschesten Zeiten kam man nicht auf den Gedanken, ›Mein Deutschland, mein Deutschland über alles‹ zu singen. Bei einem so kleinen Land wie Waldeck artet Heimatgefühl nicht in Nationalgefühl aus. Da ist keine Gefahr.

Ich zeige mein Dorf manchmal vor: das alte Pfarrhaus, in dem ich geboren bin, den Garten mit Terrassen, Grotten und Lauben, die Kirche mit der schön bemalten Holzdecke; die Schule, einklassig, die jetzt leersteht, in der mein Großvater unterrichtet hat; auf welcher Bank habe ich gesessen? Wer neben mir? Ich erinnere mich nicht. Aber als Kind habe ich in jedem Haus jeden gekannt und jeder mich. Wenn ich heute durchs Dorf gehe, erkenne ich nur noch wenige, nur noch die ganz Alten, und mich erkennen nur wenige noch als die Tochter des Pfarrers, einige kennen mich als Schriftstellerin, jemand, den man auf dem Bildschirm zu sehen bekommt. Man spricht Hochdeutsch mit mir, als Kind sprach ich Plattdeutsch.

Alte Bauernhöfe wurden abgerissen, Aussiedlerhöfe am Dorfrand gebaut; verkehrshindernde Linden und Kastanienbäume wurden gefällt, auch der alte Nußbaum vorm Pfarrhaus. Die Straßen sind asphaltiert, über den Bach führt eine Brücke, damals gab es nur eine Furt und einen Steg. Veränderungen, aber alles ist doch noch kenntlich; die Waldwiesen, auf denen ich beim Heuen geholfen, die Felder, auf denen ich Kartoffeln gelesen habe. Ich weiß, wo früher Pfifferlinge wuchsen, wo die Steinpilze.

Wenn ich auf dem Friedhof stehe, dort, wo Eltern und Großeltern begraben sind, rundum die bewaldeten Höhen, die nur nach Osten hin den Blick auf die Berge freigeben, und wenn dann die Kirchturmuhr anschlägt, eine Cis-Glocke, die ich aus allen Glocken der Welt heraushöre bis hin nach Bethlehem, und unten im Tal Harseims Mühle, wo das Mühlrad rauschte, wo man das Wasser aus einem Ziehbrunnen holte wie im Märchenbuch –

»Im schönsten Wiesengrunde steht meiner Heimat Haus«. Genauso ist es. Ich überlege sogar, ob ich dort begraben sein möchte, dort, wo ich doch herkomme. Ich habe Glück gehabt. Meine Heimat kann sich sehen lassen, alles stimmt hier noch, nur: Ich stimme nicht mehr, ich ›habe mein Dorf verwachsen‹, so wie ein Kind aus seinem Kinderkleid herauswächst.

Heimat, das war lange Zeit ein strapazierter Begriff aus dem Vokabular Nazi-Deutschlands, das Wort wurde getilgt, das Gefühl wurde uns ausgetrieben. Als es dann wiederauftauchte im Zusammenhang mit Heimatvertriebenen, war es mit Problemen belastet. Und dann sollte man mit den Heimatvertriebenen auch noch teilen: Arbeit, Wohnraum, Lebensmittel. Dieser Umverteilungsprozeß wurde Lastenausgleich genannt – der so wenig möglich ist wie Wiedergutmachung.

Mein Zuhause, das Haus, das meine Eltern sich für ihr Alter und für die Sicherheit ihrer noch unversorgten Töchter gebaut hatten, wurde im Krieg zerstört, total zerstört, wie man das nannte. Aber: mein Heimatdorf blieb mir erhalten.

Wenn ich rotbraune Rinder auf einer Weide sehe, freue ich mich, an schwarzweiße habe ich mich nie gewöhnt, aber wenn ich dann in Umbrien die weißen Rinder mit den schön geschwungenen Hörnern sehe, dann verrate ich meine waldeckischen Rotbunten.

Als ich bald nach Kriegsende an einem Junitag in Paris aus einem deutschen Reisebus stieg, hat mich ein Pariser nach dem Weg gefragt. Man muß es mir angesehen haben: Ich fühlte mich am Montparnasse wie zu Hause. Das hat sich später wiederholt, auf der Fifth Avenue in New York.

Auf der Insel Ischia war ich lange Zeit zu Hause, an Ischia denke ich wie an ein Stück Heimat, aber ich fahre nicht hin, keine Kontrollgänge. Für ein paar Wochen im Jahr suche ich mir meine Heimat aus, einen Ort, der zu mir paßt, zu dem ich passe, wo ich sprachlos glücklich bin. Die Insel Hvar vor der dalmatinischen Küste! Und die Inseln vor den Inseln, die wir umrundet haben, von Fels zu Fels mehr springend als gehend. Diese Festmahle unter freiem Himmel: Fisch und Wein und Oliven, Gesang und Gelächter, Gespräche! Läuft es darauf hinaus: ubi bene, ibi patria? Ein Studentenlied, von Vätern und Großvätern gesungen: Wo es mir wohlgeht, bin ich zu Hause . . .

Die wichtigsten Fakten im Leben haben wir uns nicht aussuchen können. Das Klima, das Land, die Eltern. Und selbst dann, wenn Zeit und Geld keine Rolle spielen, hat man nicht einmal für begrenzte Zeit die Wahl, sonst würde ich im sechsten vorchristlichen Jahrhundert auf die Insel Andros reisen und nicht im Strom der Touristen . . .

In Goethes Auswanderergesprächen heißt es, dort sei man zu Hause, wo man nützlich ist. Glücklich? Nützlich? Man kann sich auch eine Heimat aussuchen, die steuerlich vorteilhafter ist als die Bundesrepublik Deutschland, viele tun das, auch Schriftsteller. Liechtenstein und Monaco und auch die Schweiz sind empfehlenswerte Steueroasen. Vorteilhaft für mich? Nützlich für andere?

Wenn ich an der Westspitze der Insel Juist stehe, in diesem Niemandsland zwischen Wasser und Erde und Himmel, durchströmt mich ein starkes Gefühl, aber das ist kein Heimatgefühl, das ist ein kosmisches Gefühl: Ich bin ein Bewohner der Erde. Nach einem unruhigen Flug, nach verspäteter und dramatischer Landung, überkommt mich ein ähnliches Gefühl: Ich stehe wieder, wo ich hingehöre – auf der Erde.

Nach dem Krieg war ich lange ohne festen Wohnsitz. Was ich besaß, hatte in einem einzigen Koffer Platz. Ich wechselte die Adressen rasch, lebte möbliert, auf Abruf, das entsprach meinem Lebensgefühl. Nicht zu früh seßhaft! Nicht zu früh Besitz! Es hat lange gedauert, bis ich ein Metallschild am Haus angebracht habe, bis ich Briefpapier mit Anschrift und Telefonnummer drucken ließ. Und immer noch sage ich: Nicht so viel! Wer weiß denn, wie lange ich bleibe?

Viele Anschriften habe ich vergessen. Wie hieß die Straße in Nürnberg? Wie war die Hausnummer in Krefeld? Der Name der Wirtin in Halle? Nur selten war ein Wohnort mein Zuhause, wie in Marburg. »Das gute alte Marburg«, sage ich – und es überkommt mich Rührung, weil ich damals so jung war, so arm, und weil ich dort so viel gelernt und so viel getanzt habe.

Ich wollte meinen heimatvertriebenen Quints aus Poenichen etwas Gutes tun, deshalb habe ich ihnen in Marburg ein Behelfsheim gebaut: Maximiliane Quint, die Heldin, hat es nie anders als ›Behelfsheimat‹ bezeichnet; ihre Kinder sind dort aufgewachsen, ich habe ihnen Marburg als Heimat vererbt. Wo habe ich eigentlich gewohnt? Die Anschriften der Quints kenne ich . . .

Als Gegengabe hat mir Maximiliane Quint dann Poenichen als Heimat vermacht. Stellvertretend für sie bin ich als Heimwehtouristin nach Pommern/Pomorze gereist und habe dieses legendäre Poenichen, das heute Peniczyn heißen würde, gesucht. Ich habe mir in Hinterpommern eine Heimat erschrieben. Ich habe mich nicht fremd gefühlt. Maximiliane Quint hat Poenichen als Speisekammer benutzt, aus deren Vorräten sie sich ein Leben lang genährt hat, und es hat auch noch für ihre Kinder gereicht, so lange es nötig war.

Ich kann ihre Ansichten zum Thema ›Heimat‹ kaum

noch von meinen unterscheiden. Auf einem Treffen der heimatvertriebenen Pommern hat ihr alter Rektor gesagt: Alle diese entwurzelten Menschen! Und sie hat geantwortet, daß der Mensch Wurzeln haben würde und keine Beine, wenn er lebenslänglich an seinem Platz bleiben sollte. Hat es ihren Kindern geschadet, daß sie so oft umgetopft wurden, immer in neue Erde?

Muß Heimat schön sein, objektiv schön? Als ich einmal im Ruhrgebiet gereist bin, im November, da muß man es mir angesehen haben, daß ich dachte: Andere leben hier ständig, da wirst du es doch ein paar Tage aushalten können. Mehrmals, in Dortmund, in Castrop-Rauxel, in Velbert, hat man zu mir gesagt: Sie glauben gar nicht, wie schön es bei uns ist! Ich sah nur den Ruß, aber die, die dort leben, spüren wohl das Erz und die Kohle in der Erde; das Heimatgefühl sitzt dort tiefer.

Wenn wir heute wieder von ›Heimat‹ reden und darüber nachdenken, woher wir stammen, dann ist es auch das Verdienst jener, die ihre Heimat verloren haben und uns, die sie behalten haben, deutlich machen, was das heißt: Heimat haben, zu Hause sein.

Wichtiger aber – und schwerer zu verwirklichen – wäre: anderen eine Heimat zu bereiten.

(1986)

# Anhang

Friedrich W. Block

# »Ich bin die Stadt«

Christine Brückners Notizen über ihren ›ständigen Wohnsitz‹

»Als ich in das mit 100 und aberhundert Lampen erleuchtete Cassel hineinfuhr, entwickelten sich vor meiner Seele alle Vorteile eines bürgerlichen städtischen Zusammenseins, die Wohlbehäbigkeit eines jeden einzelnen in seiner von innen erleuchteten Wohnung und die behaglichen Anstalten zur Aufnahme der Fremden.«

Von diesem Eindruck eines Kurzbesuches in Kassel schreibt Goethe 1792 an Christiane Vulpius. Etliche Jahre zuvor hatte er die Stadt bereits kennengelernt und im Tagebuch das umfangreiche Programm notiert, mit dem er sich die Stadt erschlossen hatte: Besuche von Schloß- und Parkanlagen, Besichtigung von Antiken- und Gemäldesammlungen, gebildete Gespräche mit Literaten und Wissenschaftlern. Kassel war damals schon seit langem Sitz der Hessischen Landgrafen und unter ihnen zu Reichtum an mitunter sogar spektakulären Kulturgütern gelangt.

Die zu Goethes Zeiten bereits vom Bürgertum getragene Kultur spielte sich also nicht nur in den Metropolen ab. Großes, ja zum Teil bedeutenderes Gewicht hatten kleine Residenz- und Universitätsstädte wie z. B. auch das nahe gelegene Göttingen oder Goethes ›ständiger Wohnsitz‹ Weimar, das Zentrum der deutschen Klassik. Das 18. Jahrhundert entdeckt diese Städte als literarisches Thema und benutzt dazu besonders Genres wie Reisejournal, Brief oder Autobiographie – neben dem Roman also Gattungen, in denen sich das bürgerliche Selbstbewußtsein artikuliert. Goethes Bemerkung zu Kassel ist daher durchaus exemplarisch: Sie ist autobiographische Notiz und benennt die Stadt als gesellschaftlichen Ort der »Wohlbehäbigkeit«, d. h. eines gewissen Wohlstands, in dem das Individuum, dem seinerzeit größte Aufmerksamkeit galt, sich einzurichten vermag. Ob nun als Fremder oder als Einwohner: in der Stadt findet man zu beleuchteten und behaglichen Innenräumen, und es ist sicher nicht verfehlt, diese privaten Wohnbereiche auch auf das Innere »eines jeden einzelnen«, auf seine mehr oder weniger erhellte »Seele« zu beziehen.

Es sind dies Motive, die uns der Form und dem Inhalt nach in Christine Brückners Aufzeichnungen zu Kassel und ihrem nicht weit entfernten waldeckischen Geburtsort wiederbegegnen. Sie kreisen um die Frage nach der Identität und Heimat des einzelnen in Gesellschaft und Geschichte. Die Autorin hat sich während ihrer langen Jahre in Kassel das unmittelbare Lebensumfeld buchstäblich angeeignet. Zu diesem allmählichen Prozeß heißt es in einem längeren Essay, der in diesem Buch auszugsweise abgedruckt ist: »Ich widme in völliger Freiheit diese Betrachtungen über Kassel den Einwohnern einer in demokratischem Geist regierten Stadt; ich fühle mich zuständig und verantwortlich für diese Stadt: ich bin die Stadt. Ich bin keine geborene und auch keine angeheiratete Kasseler Bürgerin; schreibend habe ich mir die Stadt und die Menschen, die darin leben, vertraut gemacht. Dem Kennenlernen ist das Erkennen gefolgt, dem Erkennen die Liebe, keine blindmachende Liebe, ein langsamerer als der ungestüme Weg der Liebe auf den ersten Blick; ich habe oft hinschauen müssen.«

Diese Liebe ist zugleich eine, die der Demokratie gilt. Schon in dem Sinne sind Christine Brückners Texte politisch, als sie sich diesem Gesellschaftsmodell verpflichten, das sich erstmals im antiken Stadtstaat (der Polis) verwirklichte. Die Liebe also gilt einem »bürgerlichen Zusammensein«, das sich vom Joch der Diktatur befreit fühlt und dem Absolutismus früherer Zeiten für sein kulturelles Erbe ebenso wie für sein Verschwinden dankbar ist.

Doch muß, wer diesen Traditionsbezug aufliest, den enormen Bedeutungswandel bedenken, den die Stadt als sozialer Raum und als literarisches Thema seit dem 18. Jahrhundert durchlaufen hat: Die immer schnellere Modernisierung von Industrie, Technik, Verkehr und Verwaltung konzentriert sich mehr und mehr auf die Ballungszentren der Großstädte, deren Bevölkerung sich sehr rasch vergrößert. Auch was die gesellschaftliche Öffentlichkeit angeht, verlieren die ehemaligen Kulturhochburgen in der Gestalt kleinerer Städte an Bedeutung. Die geistige Elite verdichtet sich auf Großstädte wie Berlin, Wien, Paris oder Moskau. Zugleich werden diese Städte zum Inbegriff des modernen Lebens.

Bis heute hat sich nicht verändert, allenfalls verstärkt, daß dieses Leben in erster Linie als problembeladen erfahren wird: Aus den »aberhundert« Lichtern sind hunderttausende geworden, und der einzelne Mensch fühlt sich in diesem massenhaften Flimmern, in Unübersichtlichkeit, Lärm, Hektik und Gefahren der Stadt zusehends als ein bedrohtes, einsames und verwirrtes Wesen. Es ist diese Krisenerfahrung, die fortan das literarische Thema der Stadt bestimmt. Der Dichter und seine Gestalten verlieren sich bald im ›Dickicht der Städte‹, so der Titel eines Dramas aus dem Jahr 1920, für das sein Autor Bertolt Brecht folgenden Ausgangspunkt formuliert:

»Die Feindseligkeit der großen Stadt, ihre bösartige, steinerne Konsistenz, ihre babylonische Sprachverwirrung, kurz: ihre Poesie ist noch nicht geschaffen.«

Brechts Drama, die expressionistische Großstadtlyrik und Romane wie Döblins ›Berlin Alexanderplatz‹ zeigen dann, wie diese Poesie aussieht: Statt wohlgeformter Sätze, schöner Bilder, intakter Handlungszüge verwendet sie freie Syntax, Umgangs- und Reklamesprache, Zitat- und Bildmontage, fragmentierte Abläufe. Das alles wird mit harten und raschen, dem Filmmedium abgeschauten Schnitten zu einer Szenerie der Nervosität und der Angst zusammengefügt, in der es keine gesicherte Identität, keine Geborgenheit, keine ›Wohlbehäbigkeit‹ mehr gibt: »Du wirst keine Gelder mehr verlieren, Franz, du selbst wirst bis auf die innerste Seele verbrannt werden! Sieh, wie die Hure schon frohlockt! Hure Babylon!«, so der Erzähler in ›Berlin Alexanderplatz‹ zu seiner Hauptfigur Franz Biberkopf. Der junge Georg Lukács brachte diese sozialpoetische Sachlage auf die Formel der »transzendentalen Obdachlosigkeit«.

Den Lesern des Werkes von Christine Brückner, insbesondere auch der vorliegenden Texte, wird deutlich werden, daß sie sich dieser Obdachlosigkeit und ihrer babylonischen Sprachverwirrung nicht ausliefern wollte, sondern permanent versucht hat, mit Klartext dagegen anzuschreiben. »Erbarmen mit dem Leser«, so lautet der Grundsatz. Literatur will sie mit dem von ihr sehr geschätzten Jean Giraudoux als Trösterin und Freundin verstanden wissen. Und ihre Leser, das zeigen die zahllosen Briefe an die Autorin, haben es bis heute genau so aufgenommen.

Literatur hat viele Funktionen, sie kann nach einem adäquaten Ausdruck des modernen oder postmodernen Bewußtseins suchen, kann dabei traditionelle Formen revolutionieren und dem Leser immer wieder Wahrnehmung und Reflexion schärfen. Sie kann ihm aber auch, soweit möglich, Problembewältigung eröffnen, Verstehenshilfe anbieten, als »Ausdruck von Hoffnung, Vertrauen und Befreiung«, so Walter Pape in seinem, verglichen mit der übrigen Brückner-Kritik, sehr differenzierten Essay in ›Leben und Werk‹ (Gesamtausgabe). Auch wenn man, wie z. B. der Literaturkritiker Frank Schirrmacher, für eine primär künstlerische Funktion der Literatur oder wie Karl Heinz Bohrer, Herausgeber des ›Merkur‹, für ihren »verschärften Anspruch an die imaginative Potenz« eintritt, sollte Literatur wie die von Christine Brückner nicht als »Droge für Unterdrückte« (so Bohrer zu Günter Grass und Christa Wolf) abgetan werden. Christine Brückner versteht ihr Schreiben als Sinnstiftung, weil ihr eben die Kraft des Glaubens noch nicht abhanden gekommen ist und sie noch aus einer Welt mit und nicht ohne Gott heraus lebt und handelt. In dieser Hinsicht läßt sich Christine Brückner eher dem zuordnen, was der junge Büchner-Preisträger Durs Grünbein einmal mit Blick auf Ernst Jünger respektvoll als »Gegenmoderne« bezeichnet hat.

Sie führt hier zu einer besonderen Gestaltung des Themas ›Stadt‹: Nicht die Metropole wird beschrieben, sondern, wie das Vorwort die Autorin zitiert, die »Stadt in der Mittellage« – und das weder mit Hohn fürs Provinzielle noch mit falscher Heimattümelei. In der Mittellage ist die Spannung zwischen Privatsphäre und Öffentlichkeit noch zu überbrücken: vom Schreibtisch – als Zentrum in der Geborgenheit von ›Häuschen und Garten‹ – vor allem in die ›Schonzonen‹, dorthin, wo sich die Musen der Stadt aufhalten. Dies erfolgt in Gemeinschaft mit den Vertretern des öffentlichen Lebens, mit den Freunden und vor allem mit dem, der dies alles begleitet und

»ohne den zu überleben sich nicht lohnen würde«: dem Partner und Schriftstellerkollegen. Mittellage heißt auch, daß auf zuviel Ablenkung verzichtet wird: »Wo's an Anregungen fehlt, ist man gezwungen, sie selbst herzustellen.« Selbstverantwortliche Anregung und Konzentration statt Störung dessen, was elementar wichtig ist: in ihrem Fall das Schreiben in Einheit mit einer als wertvoll gestalteten Existenz.

Christine Brückner hat sich ihre Stadt also ganz bewußt als ständigen Wohnsitz gewählt, natürlich auch deshalb, weil er ihr persönliche Erinnerung und zugleich neue Orientierung möglich machte. 1934, nachdem der Vater und Kirchenrat Emde im Konflikt mit dem Nationalsozialismus vorzeitig in den Ruhestand gehen und die Familie das heimatliche Dorf verlassen mußte, zog man nach Kassel und baute sich dort wenig später ein Haus. Über diese frühen Kasseler Jahre wird relativ wenig berichtet. Nur vereinzelt finden sich autobiographische Schilderungen wie die zur »Schulzeit im ›Dritten Reich‹«. Es ist dies für Christine Brückner eine verlorene Jugend, an die sie nicht gern und durchaus mit Bitterkeit zurückdenkt. Einzig positive Notiz: das erste und mit Erfolg aufgeführte Theaterstück, mit dem sich die Fünfzehnjährige vorübergehend vom Gymnasium verabschiedet.

Die markante Zäsur aber, auf die die Erinnerung immer wieder zurückkommt, ist die Zerstörung von Stadt und Elternhaus in der Bombennacht vom 22. Oktober 1943, von der der bislang unveröffentlichte Text ›Warum nicht ich?‹ ein eindringliches Zeitzeugnis ablegt. Es ist dieses Datum, das den launig hergeleiteten ›Zweifel an der Identität‹ wirklich legitimiert. Daran wird auch klar, daß Christine Brückners Stadtbeschreibung nicht einfach nur Erzählmuster des 18. oder auch 19. Jahrhunderts aufgreift, wie z. B. Theodor Fontanes Modell der Großstadt als »Wohnstadt«. Denken wir dazu an einen anderen 22. Oktober, den des Jahres 1910, da der junge Georg Heym von einer dunklen Wolke in Form großer nackter Titanen über der Stadt träumt, die er später wie folgt zum Kriegsdämon verdichtet: »Eine große Stadt versank im gelben Rauch / Warf sich lautlos in des Abgrunds Bauch. / Aber riesig über glühenden Trümmern steht / Der in wilde Himmel dreimal seine Fackel dreht, // Über sturmzerfetzter Wolken Widerschein, / In des toten Dunkels kalte Wüstenein, / Daß er mit dem Brande weit die Nacht verdorr, / Pech und Feuer träufelt unten auf Gomorrh.«

Die Schonzonen der Stadt, denen sich Christine Brückner anvertraut, läßt sie immer wieder pointiert in Orte mit jener »Bodenformation des 20. Jahrhunderts« übergehen, die aus Fenstersimsen, Suppenschüsseln, Menschenknochen besteht, »alles zertrümmert, zermahlen, mit Erde bedeckt«. Diesem Gomorrha setzt sie freilich das in einem festen protestantischen Glauben begründete Prinzip Hoffnung entgegen. Daher geraten ihr die Ausflüge in die Schamzonen mitunter zum christlichen Reinigungsritual, zum »Bußgang«, der auch auf den jüdischen Friedhof führt. Hier wird der grausigsten Form der Stadt moderner Zeiten gedacht: Theresienstadt. Das aber geschieht gemeinsam mit dem jüdischen Freund, dessen »Überlebensgeschichte« erzählt wird. Die Hoffnung gilt gerade vor diesen geschichtlichen Hintergründen, wie auch vor den unvermeidbaren Leiden von Alter, Krankheit und Tod, dem Überleben des Menschen. Und damit ist nicht bloß die nackte Existenz gemeint, sondern ein individueller Glücksanspruch: »Glück ist Sache des einzelnen«, heißt es gegen Ende des autobiographischen Romans ›Das glückliche Buch der a. p.‹.

Die Stadt ist ebenfalls, wenn auch nicht ausschließlich, Sache des einzelnen. Versuche, Stadt oder Gesellschaft ohne den Menschen zu denken – das ist ja zur Jahrtausendwende nichts Ungewöhnliches –, drohen, ihn aus seiner Verantwortung und auch aus seiner Würde zu entlassen. Beides aber, Verantwortung und Würde, ist für die Demokratin und Christin unantastbar. Daher müssen in der Sammlung mit Aufzeichnungen auch die drei exemplarischen Porträts von Personen einen Platz finden, die in Kassel gelebt haben, wie sie selbst Schriftsteller waren und in denen sich ganze Epochen spiegeln:

An Malwida von Meysenbug, 1816 in Kassel geboren und 1903 in Rom gestorben, an diese »Vertraute der Heroen eines halben Jahrhunderts«, wie Romain Rolland seine mütterliche Freundin nannte, richtet Christine Brückner eine ihrer berühmten ungehaltenen Reden. Ein einziges Mal schlüpft sie selbst in die Rolle der ungehaltenen Frau und macht bei aller Sympathie deutlich, was für sie den Unterschied einer emanzipierten Frauenrolle gegenüber Vorstellungen des 19. Jahrhunderts ausmacht: Sie kann den ungebrochenen Idealismus und die Fortschrittsgläubigkeit, die sie aus den einflußreichen ›Memoiren einer Idealistin‹ (1876) herausliest, nicht mehr teilen.

Zwar noch ein »Kind des 19. Jahrhunderts«, da 1896 in Kassel geboren, doch einen Zeitzeugen des 20. Jahrhunderts findet Christine Brückner in Herbert Lewandowski, dem universell gebildeten Literaten, der seinen Namen in der Emigration zu Lee van Dovski dreiteilt. Sie selbst ruft ihn freundschaftlich »Lewan« und läßt durch ihn die großen, von ihm durchlittenen Tragödien der Weltkriege, besonders aber des Holocaust Revue passieren. Doch auch die Errungenschaften moderner Wissenschaft, Kunst und Literatur werden durch ihn präsent, vor allem aber, wie gesagt: Geschichte als Überlebensgeschichte.

Herbert Lewandowski starb hundertjährig in der Schweiz, im selben Jahr wie Christine Brückner. Und wie ihr Mann Otto Heinrich Kühner. Auch er wird 1921 geboren, auch er entstammt einem Pfarrhaus. Wie sie wirkt er auf die deutsche Nachkriegsliteratur ein, als Hörspielautor und -dramaturg, Romancier, Satiriker und Lyriker. Wenn auch weniger erfolgreich – seine Kunst ist artifizieller, mit einem starken Hang zu dem, was er den ›grotesken Humor‹ nannte. Zu Kühner besteht eine seltene Wahlverwandtschaft, man muß über die zahlreichen Parallelen erstaunt sein – »eins und doppelt«: Was eine Romanfigur wie die Wiepe Bertram des ›Kokons‹ in das von Christine Brückner immer wieder zitierte Goethe-Gedicht ›Gingo biloba‹ nur hineinträumt, wird in der ehelichen Gemeinschaft des »einzigen funktionierenden Autorenverbandes«, so die Autorin, in der bescheidenen Kasseler ›Dichterwerkstatt‹ seit 1967 glaubhaft verwirklicht.

Die drei Porträts haben mit allen in diesem Band versammelten Texten gemein, daß sie mit Literatur spielen. Jede Beschreibung von Haus, Garten und Stadt wird zugleich als literarische Erfahrung ausgewiesen, die sich vom Schreibtisch als Keimzelle aus in die unmittelbare und weitere Umgebung fortsetzt.

So ist die Schilderung von Wohnzimmer, Küche oder Gärtchen, des Privaten und unspektakulär Alltäglichen zugleich auch Poetik. Vom Kochen läßt sich unmittelbar zur Schreibweise wechseln: in kleinen Portionen, aus einem reichen Angebot an Zutaten und Schicksalen, »wenig Themen, aber unendlich viele Variationen«. Ein kleines Ereignis im Garten, der Auftritt des Igels, ruft große Literatur, das Drama Hofmannsthals, in Erinnerung, der blühende Jasmin den ersten eigenen Roman. Was der Garten im Kleinen, sind die Parks oder auch die Friedhöfe im Großen: geordnete, das heißt kultivierte, städtische Natur. Sie ist bevölkert mit Autoren der neueren Literaturgeschichte. Hier werden ihre Gedichte rezitiert, und es werden neue erfunden. Das Nahe und Selbstverständliche wird im literarischen Spiegel gebrochen, abgerückt und fremd gemacht, um so immer wieder anvertraut und angeeignet zu werden: die Stadt als Buch.

Auch das ist ein Motiv, das sich mit dem modernen Stadtthema verbindet. Schon Victor Hugo verfaßt in seinem Roman ›Notre-Dame de Paris. 1482‹ (1831) ein Kapitel über das Verhältnis zwischen dem Schreiben mit Tinte und dem mit Stein. Und Roland Barthes greift das in einem Essay zur Zeichenhaftigkeit der Stadt auf: Die Stadt wird gesprochen, indem sie bewohnt, betrachtet und begangen wird. Der Stadtbewohner ist ein Leser. Christine Brückners literarische Passagen durch die Stadt, einmal als Straßenbahnfahrt, meist aber noch langsamer als Wanderung, sind Schriftlinien ihres lesenden und schreibenden Wohnens im ›Eigenheim‹ der Stadt. Der Grundbesitz, diese »232 m²«, ist und bleibt vergleichsweise bescheiden. Das Eigentum aber dehnt sich aus, weil es geistiges Eigentum ist und darin – auch das eine Entdeckung des 18. Jahrhunderts – individuell. Bewußt werden die Possessivpronomen eingesetzt: ›mein‹ Schreibtisch, ›meine‹ Küche, ›unser‹ Park, ›unsere‹ Stadt . . . Das sind poetische Kniffe, die die Frage nach Identität und Heimat eigenwillig beantworten: Beide bestehen nicht an sich, sondern werden individuell geschaffen, erschrieben in einem autobiographischen Spiel zwischen Erinnerung und Hoffnung, diesen »lieblichsten Würzen der Welt«, wie Goethe sie in den Venezianischen Epigrammen, also auch im städtischen Kontext, nennt.

Es handelt sich gleichsam um ein Spiel zwischen Dichtung und Wahrheit. Das sei bemerkt, weil wir gerade noch einmal beim Dichterfürsten sind, der ja »innigst überzeugt« war, »daß der Mensch in der Gegenwart, ja vielmehr noch in der Erinnerung die Außenwelt nach seinen Eigenheiten bildend modele«. Christine Brückners Aufzeichnungen zu Kassel bereiten ihr selbst und auch anderen eine Heimat zwischen Dichtung und Wahrheit gerade deshalb, weil sie ihren literarischen und daher auch fiktionalen Charakter nicht verschleiern. Wie Poenichen und Hinterpommern wird das neue und unvergleichliche Kassel gefunden, erfunden. So ist Kassel ja auch immer wieder Schauplatz ihrer Romane und Erzählungen, im zweiten Band der ›Poenichen‹-Trilogie etwa, im Jugendroman ›Wie Sommer und Winter‹ oder in der Erzählung ›Geburtsort Kassel‹. Nur der Grad der Fiktionalität schwankt.

Natürlich gilt das auch für die Erinnerung an den eigenen Geburtsort in Waldeck, das Pfarrhaus und auch den Pfarrgarten, dem sich der letzte Text im Leben Christine Brückners widmet und dessen Idylle sich im eigenen Kasseler ›Gärtchen Eden‹ spiegelt. Heimat ist so verstanden nichts, worauf man Gebietsansprüche anmelden könnte. Statt dessen hält sie uns Tolstois Geschichte vom Bauer Pachom und Brechts Gedicht ›Mein Bruder war ein Flieger‹ gegenwärtig: Nur das Grab bleibt als ein gewisser materieller Gebietsanspruch, der letztlich auch vergänglich ist. Christine Brückner hat ihn für sich gemeinsam mit Otto Heinrich Kühner auf dem Friedhof ihres Geburtsortes eingelöst. Heimat ist, so läßt sich ihre Antwort auf die Frage nach den Wurzeln des Menschen lesen, nicht mehr und nicht weniger als ein persönlich

›bildend gemodelter‹ Raum für Identität, ein gedichtetes Einräumen. Nur hier gilt ›mein‹ und ›dein‹, nur hier gibt es ein ›Ich‹.

»Ich bin der Raum wo ich bin«, heißt es in einem Vers von Noël Arnaud; und bei Christine Brückner: »Ich bin die Stadt«.

# Editorische Notiz

Es wurden weitgehend alle Texte Christine Brückners zu ihrem Wohnsitz zusammengestellt, die beschreibenden bzw. autobiographischen, jedoch nicht, wie die einschlägigen Romane und Erzählungen, rein fiktionalen Charakters sind. Der lange dokumentarische Essay zu Beginn des Buches soll vorab einen informativen, wenn auch historisch abgerückten Überblick über die Stadt der Autorin geben; natürlich hat sich seit 1972 viel verändert: Die innerdeutsche Grenze ist gefallen, ein zweites Blatt des Hildebrandsliedes ist wieder in der Stadt, die ›documenta‹ findet inzwischen alle fünf Jahre statt usw. Der Beitrag ist wesentlich sachlicher gehalten als alle anderen und läßt daher deren Subjektivität noch deutlicher hervortreten. Verzichtet wurde auf einige kleinere, in regionalen Journalen erschienene Texte, die ein so zeitpunkt- oder lokal gebundenes Kolorit aufweisen, daß sie das überregionale Publikum nicht erreichen würden. In einem Fall wurde ein weiterer längerer Essay, im gleichen Jahr wie der Text ›Ständiger Wohnsitz Kassel‹ erschienen, wegen zu starker Wiederholungen nur im Ausschnitt zitiert (›Ein Junimorgen im Bergpark Wilhelmshöhe‹, das Gedicht ›Folge der Fährte . . .‹ zu Beginn des Buches). Im übrigen wurden Wiederholungen bewußt in Kauf genommen: Sie markieren das Dauerhafte und

Wichtige im zeitlichen Wandel der einzelnen Beiträge. Der Text ›Die hängenden Gärten meiner Kindheit‹, nach dem Tod der Autorin im ›Waldeckischen Landeskalender‹ mit Kürzungen abgedruckt, folgt hier dem Originalmanuskript, d. h. ohne die Einstreichungen, die die kurzen, kritischen und die Idylle kontrastierenden Erinnerungen an die Bedrohungen nach 1933 betrafen.

Folgende Überschriften stammen nicht von der Autorin selbst: ›Kassel 1972‹, ›Zweifel an meiner Identität‹, ›232 Quadratmeter Grundbesitz‹.

Den Umschlag ziert die Abbildung eines Gemäldes von Otto Heinrich Kühner, das den heimischen Garten zeigt.

# Quellen

»Folge der Fährte . . .« In: *Die Stadt Kassel betrachtend.* In: Lometsch, Fritz: *Kassel. Moderne Stadt mit Tradition. Mit Textbeiträgen von Christine Brückner und Manfred Hausmann.* Kassel: Friedrich Lometsch 1977, S. 9–27, hier S. 27

»Kassel 1972« In: Nagel, Wolfgang Achim (Hrsg.): *Städte in Hessen.* Hanau: Hans Peters Verlag 1972, S. 261–274

»Zweifel an meiner Identität« In: *Mein schwarzes Sofa. Aufzeichnungen.* Frankfurt/M., Berlin: Ullstein 1981, S. 165–167, 54–55

»Ab nach Kassel? – Vorbei an Kassel?« In: *Kassel Kulturell*, 6/1991, S. 12 f.

»Ständiger Wohnsitz Kassel« In: *Lachen, um nicht zu weinen. Ein Lesebuch.* Frankfurt/M., Berlin: Ullstein 1984, S. 41–47

»Das neue Kassel ist unvergleichlich« In: *Hat der Mensch Wurzeln? Autobiographische Texte.* Hrsg. v. Gunther Tietz. Frankfurt/M., Berlin: Ullstein 1988, S. 120–125

»Die Musen in unserer Stadt« In: *Deutsche Zeitung*, 26./27. Nov. 1960, S. 30

»DIN A5 – eine Schulzeit im ›Dritten Reich‹« In: *Hat der Mensch Wurzeln?* (a.a.O.), S. 76–78

»Eine Oktave tiefer, Fräulein von Meysenbug! Rede der ungehaltenen Christine Brückner an die Kollegin Meysenbug« In: *Wenn du geredet hättest, Desdemona. Ungehaltene Reden ungehaltener Frauen.* Hamburg: Hoffmann und Campe 1983, S. 93–108

»232 Quadratmeter Grundbesitz« In: *Mein schwarzes Sofa* (a.a.O.), S. 173–176

»In meiner Küche« In: *Mein schwarzes Sofa* (a.a.O.), S. 83–85

»Mein Schreibtisch« In: *Hat der Mensch Wurzeln?* (a.a.O.), S. 126–128

»Im Schatten des Birnbaums (Ferien zu Hause)« In: *Erfahren und erwandert* (gemeinsam mit Otto Heinrich Kühner). Frankfurt/M., Berlin: Propyläen 1979, S. 148–155

»Die große Pause« In: *Die Gemeinde der Südstadt zu Kassel*, Nr. 85 (Juni–August 1974), S. 2–3

»Den Tag vor dem Abend loben« In: *Lieber alter Freund. Briefe.* Frankfurt/M., Berlin: Ullstein 1995, S. 55–60

»Die Pappel verläßt sich auf dein Gedicht« In: *Deine Bilder – Meine Worte* (mit Otto Heinrich Kühner). Frankfurt/M., Berlin: Propyläen 1987, S. 9–12

»Die Schamzone einer Stadt« In: *Erfahren und erwandert* (a.a.O.), S. 134–142

»Ein Junimorgen im Bergpark Wilhelmshöhe« Auszug aus: *Die Stadt Kassel betrachtend* (a.a.O.), S. 16–18

»Bußgang zwischen Gräbern« In: *Erfahren und erwandert* (a.a.O.), S. 45–51

»Lewan, sieh zu!« In: *Überlebensgeschichten.* Frankfurt/M., Berlin: Ullstein 1973, S. 21–30

»Der Frühling kommt aus Cadiz« In: *Die Stunde des Rebhuhns. Aufzeichnungen.* Frankfurt/M., Berlin: Ullstein 1991, S. 40–43, 77 f., 115–118

»Die hängenden Gärten meiner Kindheit« Gekürzt in: *Waldeckischer Landeskalender 1997*, S. 72–74

»Hat der Mensch Wurzeln?« In: *Hat der Mensch Wurzeln?* (a.a.O.), S. 177–181

Der Text »Warum nicht ich?« entstand als Rede anläßlich der Ausstellungseröffnung »Leben in Ruinen« des Kasseler Stadtmuseums am 22. Oktober 1993.

# Abbildungsnachweise

Von *Ehe die Spuren verwehen* bis zu den *Quints*: Christine Brückners Romane, ihre Erzählungen und *Ungehaltenen Reden* gehören zu den bekanntesten Werken der Gegenwartsliteratur. In diesem Materialienband werden sie einer gründlichen, auch kritischen Revision unterzogen; er vereint die wichtigsten Rezensionen und Interpretationen mit Gesprächen und Beiträgen namhafter Literaturwissenschaftler.

**Über Christine Brückner**
Aufsätze, Rezensionen, Interviews
Herausgegeben von
Gunther Tietz
320 Seiten
Ullstein TB 22173

*Ullstein Taschenbuch*

# Christine Brückner im Ullstein Verlag

*Ullstein Taschenbuch*